OS 4 ESTÁGIOS DA SEGURANÇA PSICOLÓGICA

TIMOTHY R. CLARK

OS 4 ESTÁGIOS DA SEGURANÇA PSICOLÓGICA

DEFININDO O CAMINHO PARA INCLUSÃO E A INOVAÇÃO

ALTA BOOKS
GRUPO EDITORIAL
Rio de Janeiro, 2023

Os 4 Estágios da Segurança Psicológica

Copyright © 2023 da Starlin Alta Editora e Consultoria Ltda.
ISBN: 978-85-508-1978-5

> Translated from original The 4 Stages of Psychological Safety. Copyright © 2020 by Timothy R. Clark. ISBN 978-1-5230-8768-6. This translation is published and sold by permission of Berrett-Koehler Publishers, Inc, the owner of all rights to publish and sell the same. PORTUGUESE language edition published by Starlin Alta Editora e Consultoria Ltda, Copyright © 2023 by Starlin Alta Editora e Consultoria Ltda.

Impresso no Brasil — 1ª Edição, 2023 — Edição revisada conforme o Acordo Ortográfico da Língua Portuguesa de 2009.

Dados Internacionais de Catalogação na Publicação (CIP) de acordo com ISBD

C592q   Clark, Timothy R.
Os 4 Estágios da Segurança Psicológica: Definindo o Caminho para a Inclusão e a Inovação / Timothy R. Clark ; traduzido por Daniel Salgado. - Rio de Janeiro : Alta Books, 2023.
176 p. : 16cm x 23cm.

Tradução de: The 4 Stages of Psychological Safety
Inclui bibliografia e índice.
ISBN: 978-85-508-1978-5

1. Psicologia. 2. Segurança Psicológica. I. Salgado, Daniel. II. Título.

2023-198   CDD 150
                        CDU 159.9

Elaborado por Vagner Rodolfo da Silva - CRB-8/9410

Índice para catálogo sistemático:
1. Psicologia 150
2. Psicologia 159.9

Todos os direitos estão reservados e protegidos por Lei. Nenhuma parte deste livro, sem autorização prévia por escrito da editora, poderá ser reproduzida ou transmitida. A violação dos Direitos Autorais é crime estabelecido na Lei nº 9.610/98 e com punição de acordo com o artigo 184 do Código Penal.

A editora não se responsabiliza pelo conteúdo da obra, formulada exclusivamente pelo(s) autor(es).

Marcas Registradas: Todos os termos mencionados e reconhecidos como Marca Registrada e/ou Comercial são de responsabilidade de seus proprietários. A editora informa não estar associada a nenhum produto e/ou fornecedor apresentado no livro.

Erratas e arquivos de apoio: No site da editora relatamos, com a devida correção, qualquer erro encontrado em nossos livros, bem como disponibilizamos arquivos de apoio se aplicáveis à obra em questão.

Acesse o site www.altabooks.com.br e procure pelo título do livro desejado para ter acesso às erratas, aos arquivos de apoio e/ou a outros conteúdos aplicáveis à obra.

Suporte Técnico: A obra é comercializada na forma em que está, sem direito a suporte técnico ou orientação pessoal/exclusiva ao leitor.

A editora não se responsabiliza pela manutenção, atualização e idioma dos sites referidos pelos autores nesta obra.

Produção Editorial
Grupo Editorial Alta Books

Diretor Editorial
Anderson Vieira
anderson.vieira@altabooks.com.br

Editor
José Ruggeri
j.ruggeri@altabooks.com.br

Gerência Comercial
Claudio Lima
claudio@altabooks.com.br

Gerência Marketing
Andréa Guatiello
andrea@altabooks.com.br

Coordenação Comercial
Thiago Biaggi

Coordenação de Eventos
Viviane Paiva
comercial@altabooks.com.br

Coordenação ADM/Finc.
Solange Souza

Coordenação Logística
Waldir Rodrigues

Gestão de Pessoas
Jairo Araújo

Direitos Autorais
Raquel Porto
rights@altabooks.com.br

Produtor da Obra
Thales Silva

Produtores Editoriais
Illysabelle Trajano
Maria de Lourdes Borges
Paulo Gomes
Thiê Alves

Equipe Comercial
Adenir Gomes
Ana Claudia Lima
Andrea Riccelli
Daiana Costa
Everson Sete
Kaique Luiz
Luana Santos
Maira Conceição
Nathasha Sales
Pablo Frazão

Equipe Editorial
Ana Clara Tambasco
Andreza Moraes
Beatriz de Assis
Beatriz Frohe
Betânia Santos
Brenda Rodrigues

Caroline David
Erick Brandão
Elton Manhães
Gabriela Paiva
Gabriela Nataly
Henrique Waldez
Isabella Gibara
Karolayne Alves
Kelry Oliveira
Lorrahn Candido
Luana Maura
Marcelli Ferreira
Mariana Portugal
Marlon Souza
Matheus Mello
Milena Soares
Patricia Silvestre
Viviane Corrêa
Yasmin Sayonara

Marketing Editorial
Amanda Mucci
Ana Paula Ferreira
Beatriz Martins
Ellen Nascimento
Livia Carvalho
Guilherme Nunes
Thiago Brito

Atuaram na edição desta obra:

Tradução
Daniel Salgado

Copidesque
Camila Moreira

Revisão Gramatical
Denise Elisabeth Himpel
Wendy Campos

Diagramação
Joyce Matos

Capa
Maria Cristina

Editora afiliada à: ASSOCIADO

ALTA BOOKS
GRUPO EDITORIAL

Rua Viúva Cláudio, 291 – Bairro Industrial do Jacaré
CEP: 20.970-031 – Rio de Janeiro (RJ)
Tels.: (21) 3278-8069 / 3278-8419
www.altabooks.com.br — altabooks@altabooks.com.br
Ouvidoria: ouvidoria@altabooks.com.br

Para Tracey

Agradecimentos

Reconheço com gratidão a influência de líderes que criam altos níveis de segurança psicológica, empoderando os outros a ter um desempenho além de suas expectativas. Presto homenagem especial à minha esposa, Tracey, que exemplifica a inclusão e pratica o amor sincero para com todos os seres humanos. Ela é um exemplo vivo de quem dominou a arte de criar e manter a segurança psicológica. Ela fez da nossa casa um refúgio de pertencimento para mim e nossos filhos.

Sou grato a Neal Maillet, diretor editorial da Berrett-Koehler, e sua equipe por criar segurança psicológica durante todo o processo de produção deste livro. Ele aplica uma combinação de abrasão criativa e preocupação pessoal genuína que me motiva a dedicar meus melhores esforços. Agradeço também a toda a equipe Berrett-Koehler e aprecio a cultura distinta de colaboração que eles criaram para mim como autor. Sou grato pelo talento e habilidade de Karen Seriguchi (edição de texto), Leigh McLellan (design e composição) e Travis Wu (design de capa). Por fim, agradeço aos meus filhos por me ensinarem que meu papel é criar e preservar a segurança psicológica em cada relacionamento.

Sobre o autor

Timothy R. Clark é o fundador e CEO da LeaderFactor, uma organização global de consultoria, treinamento e avaliação de liderança. Ele é o autor de cinco livros e o desenvolvedor da avaliação de inteligência emocional EQometer™. É doutor em ciências sociais pela Universidade de Oxford.

Sumário

Prefácio		xiii
Introdução		1
Estágio 1	Segurança da Inclusão	19
Estágio 2	Segurança do Aprendiz	41
Estágio 3	Segurança do Colaborador	63
Estágio 4	Segurança do Desafiador	91
Conclusão	Evitando o Paternalismo e a Exploração	119
Notas		135
Índice		145

Prefácio

Este livro apresenta uma teoria da interação humana. Vou lhe explicar o contexto. Muitos anos atrás, minha esposa, Tracey, e eu voltamos da Inglaterra para os Estados Unidos, quando eu me aproximava da conclusão de um doutorado em ciências sociais na Universidade de Oxford. O orçamento apertado chegaria ao fim. Eu conseguiria um emprego, trabalharia por um ano, terminaria minha tese, lecionaria em uma universidade e viveria feliz para sempre. Esse era o plano.

Eis o que realmente aconteceu. Saí da torre de marfim para o reino de megaton arenoso e suado de uma siderúrgica. Construída pela US Steel Corporation durante a Segunda Guerra Mundial, a Geneva Steel foi a última siderúrgica totalmente integrada a oeste do rio Mississippi, uma enorme massa de maquinário espalhada por 688 hectares, o equivalente industrial do Vaticano, um enclave autônomo dentro de uma metrópole, com seus próprios trens, corpo de bombeiros, hospital e uma imponente catedral de alto-forno. A fábrica produzia placas, chapas e tubos de aço usados para fazer tudo, desde pontes a tratores. Em virtude de minha afinidade com a classe trabalhadora, pensei que sabia no que estava me metendo. Eu não fazia ideia.[1]

Questões-chave: Você já foi parar em um ambiente completamente estranho? Desconfiou das pessoas que encontrou? Que preconceito ou tendência levou consigo?

Este era outro mundo. Eu me vi trabalhando com soldadores, técnicos de manutenção encanadores industriais e operadores de guindastes que lidavam

Prefácio

com turnos rigorosos e alta taxa de demissão. Essas sombras sob os capacetes tornaram-se minhas amigas, mas não havia nada de romântico nesse lugar ofegante, barulhento e fedido. O chão de fábrica era uma arena de alto risco, sem margem para erro, onde a precisão importava e as suposições podiam matar. Com milhares de procedimentos de segurança do trabalho para governar cada tarefa para cada trabalho em cada operação, nada era deixado ao acaso. Eles pregavam a segurança tão incessantemente que era fácil parar de acreditar.

Então chegou o fatídico dia. Um trabalhador de manutenção foi esmagado sob uma carga de dezesseis toneladas de pelotas de minério de ferro. Ele morreu instantaneamente. Lembro-me de imaginar agonia que assolaria a família do homem. Mais tarde naquele dia, recebi a incumbência de acompanhar o CEO para comunicar a terrível notícia. Soubemos posteriormente que esta tragédia foi o resultado de vários funcionários terem violado regras de segurança. Nos próximos dias, a segurança se tornaria minha obsessão, mas não da maneira que você imagina. Eu viria a aprender que a segurança psicológica é a base da inclusão e do desempenho da equipe e a chave para criar uma cultura inovadora.

Com meu diploma em mãos, era hora de deixar a fábrica e trocar meu capacete e botas de bico de aço por tecidos de lã, giz e sala de aula. Então algo inesperado aconteceu. O CEO me convidou para me tornar o gerente da fábrica. Agora eu enfrentava uma decisão incomum: acomodar-me na vida tranquila de um acadêmico ou liderar uma equipe de 2.500 funcionários trabalhando nas entranhas de uma fera industrial. Tracey e eu decidimos aceitar a oferta. Por quê? Porque representou uma rara oportunidade de estudar o comportamento humano em um cenário único como observador participante. A experiência me levaria a um tutorial do mundo real e desafiaria a teoria elegante que aprendi em Oxford.

No meu primeiro dia como gerente da fábrica, liguei para agendar a reunião operacional da manhã e fiquei cara a cara com a cultura do local de trabalho. Um silêncio estoico se abateu sobre a sala enquanto eu olhava para os rostos de vinte superintendentes, muitos com idade suficiente para ser meu pai. Agora eles respondiam a mim.

Eles haviam sido profundamente socializados com a autocensura, constrangidos pela deferência ao poder posicional e uma adesão servil à cadeia de comando. O poder importava. E esses homens (e todos eles eram homens)

Prefácio

entendiam onde estava o poder. Comigo. Apesar da minha juventude e inexperiência, eles prestariam obediência a essa fonte de poder. Na verdade, eu era agora o centro de comando, a torre de controle, o macho alfa. Eu tinha o que o sociólogo C. Wright Mills chamou de "o máximo do que há para se ter".[2] A experiência havia ensinado a esses gerentes que era emocional, política, social e economicamente caro dizer o que eles realmente pensavam, então eles sorriam e acenavam educadamente.

> **Questões-chave:** Você já esteve em uma posição de poder? Você já esteve em uma posição sem poder? Ter ou não ter poder mudou seu comportamento?

Habitar esse ambiente fértil para o estudo de campo era o sonho de um cientista social. O que eu observava clamava por interpretação. Mas eu tinha que ser mais do que um observador; eu tinha que ser um reformador. Para melhorar o desempenho da empresa, precisávamos de uma transformação. A velha e cansada fábrica lutava para competir com as mini-mills que haviam abalado a indústria e estavam dominando o mercado. Para aumentar o rendimento e a produtividade, precisávamos anular as regras da força bruta e desiludir as pessoas de sua adoração à autoridade coercitiva e de sua inclinação para induzir o medo por meio da intimidação. Toda a organização precisava ser purificada de seu modelo de governo autoritário vinculado ao status. Desmantele o lugar ou morra na próxima crise.

As organizações comerciais sobrevivem mantendo a vantagem competitiva, o que, em última análise, significa incubar inovação. Se você observar de perto, notará que a inovação é quase sempre um processo colaborativo e quase nunca um momento de gênio solitário. Como disse certa vez o historiador Robert Conquest: "O que é fácil de entender pode não ter sido fácil de pensar."[3] Inovação nunca é fácil de pensar. Requer abrasão criativa e dissidência construtiva — processos que dependem de alto atrito *intelectual* e baixo atrito *social*.[4]

A maioria dos líderes não compreende que gerenciar essas duas categorias de atrito para criar um ecossistema de colaboração corajosa está no centro da liderança como uma disciplina aplicada. É talvez o teste supremo de um líder e um reflexo direto do caráter pessoal (figura 1). Sem habilidade, integridade e respeito pelas pessoas, isso não acontece. Tampouco regalias como mesas de totó, almoço grátis, um ambiente de escritório aberto e a estética de uma organização moderna podem dar vida a isso.

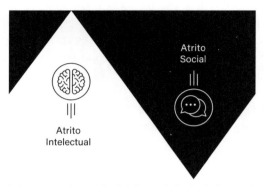

Figura 1. Aumentando o atrito intelectual, diminuindo o atrito social

> **Conceito-chave:** A tarefa do líder é aumentar, simultaneamente, o atrito intelectual e diminuir o atrito social.

Eu estava testemunhando o padrão oposto, refletido na ausência do que chamamos de *segurança psicológica*. Logo percebi que minha administração significava proteger as pessoas não apenas do ponto de vista físico, mas também psicológico. Como aprendi em primeira mão, a ausência de segurança física pode causar ferimentos ou morte, mas a ausência de segurança psicológica pode causar feridas emocionais devastadoras, prejudicar o desempenho, paralisar o potencial e destruir o senso de autoestima de um indivíduo. A implicação é que as organizações que carecem de segurança psicológica e competem em mercados altamente dinâmicos estão galopando rumo à extinção.

Uma das primeiras coisas que você aprende sobre liderança é que o contexto social e cultural tem uma profunda influência na maneira como as pessoas se comportam e que você, como líder, é diretamente responsável por esse contexto. Outro aprendizado é que o medo é o inimigo. Ele congela a iniciativa, amarra a criatividade, gera conformidade em vez de compromisso e reprime o que de outra forma seria uma explosão de inovação.

> **Princípio-chave:** A presença do medo em uma organização é o primeiro sinal de liderança fraca.

Prefácio

Se você puder banir o medo, estabelecer uma verdadeira responsabilidade baseada no desempenho e criar um ambiente estimulante que possibilite que as pessoas sejam vulneráveis à medida que aprendem e crescem, elas terão um desempenho além de suas expectativas e das deles.

Questões-chave: Você já fez parte de uma organização que era dominada pelo medo? Como você reagia a isso? Como as outras pessoas reagiam?

Minha análise etnográfica informal como gerente de fábrica na Geneva Steel durou cinco anos. Essa experiência definidora me colocou no caminho para entender por que algumas organizações liberam o potencial dos indivíduos e outras não. Nos últimos 25 anos, tenho trabalhado como antropólogo cultural e estudante de segurança psicológica, aprendendo com líderes e equipes em todos os setores da sociedade.

Descobri que a segurança psicológica segue uma progressão baseada na sequência natural das necessidades humanas (figura 2). Em primeiro lugar, os seres humanos querem ser incluídos. Em segundo lugar, querem aprender. Terceiro, eles querem contribuir. E, finalmente, querem desafiar o status quo quando acreditam que as coisas precisam mudar. Esse padrão é consistente em todas as organizações e unidades sociais.

Figura 2. Os 4 estágios da segurança psicológica

Prefácio

> **Conceito-chave:** A segurança psicológica é uma condição na qual você se sente (1) incluído, (2) seguro para aprender, (3) seguro para contribuir e (4) seguro para desafiar o status quo – tudo sem medo de ser envergonhado, marginalizado ou punido de algum modo.

Todos os seres humanos compartilham a mesma necessidade inata: o desejo de pertencimento. Como um sem-teto escreveu em um pedaço de papelão esfarrapado: "Seja gentil se for igual a mim". Não muito tempo atrás, minha filha, Mary, com o sarcasmo típico da adolescência, foi a um jogo de basquete do ensino médio e ergueu um pôster que revelava uma verdade penetrante: "Só estou aqui para não perder amigos!" Apesar da vontade de pertencimento, vemos interações humanas quebradas em todos os lugares para os quais olhamos.

Este livro aborda as interações humanas defeituosas. Estou escrevendo principalmente para líderes empresariais, mas minha mensagem se aplica a qualquer unidade social. Quero chamar a atenção para como nos damos bem, decodificar a ciência do silêncio e explorar o que é preciso para liberar nossas vozes e nos conectar de forma mais eficaz. Especificamente, quero compartilhar o que aprendi sobre como a segurança psicológica influencia o comportamento, o desempenho e a felicidade. Qual é o mecanismo? Como o ativamos ou desativamos?

Meu trabalho diz respeito ao reconhecimento de padrões. Quando se trata da forma como as pessoas interagem, os padrões são inconfundíveis e o desafio é universal. O que tenho a dizer é tanto empírico quanto normativo. Não peço desculpas por combinar observações frias e desapaixonadas com apelos calorosos e apaixonados porque o caso de uso, o trabalho a ser feito, é oferecer orientação prática. Compartilharei exemplos da vida profissional, escolar e doméstica, baseando-me fortemente em minha própria experiência, porque o que aprendi em casa reflete o que aprendi nas organizações.

> **Questão-chave:** Você já percebeu que a vida familiar é quase sempre o lugar mais desafiador para modelar e aplicar os princípios corretos da interação humana?

Às vezes somos nobres e bons uns com os outros. Outras, somos vergonhosamente irresponsáveis. Nosso histórico como espécie é, em sua maior parte, uma história arrepiante, um espetáculo de guerra e uma crônica de conquista.

Prefácio

Maya Angelou interpretou o passado lamentável como poucas vozes literárias: "Ao longo de nossa história nervosa, construímos torres piramidais do mal, muitas vezes em nome do bem. Nossa ganância, medo e lascívia nos permitiram matar nossos poetas, que somos nós mesmos, castigar nossos sacerdotes, que somos nós mesmos. As listas de nossas subversões do bem vão desde antes da história registrada até o presente momento."[5]

Por que, depois de milhares de anos, somos tecnologicamente avançados e ainda sociologicamente primitivos?

Como criaturas sociais, agimos como elétrons livres, demonstrando conexão e contenção. É verdade que precisamos uns dos outros para florescer. No entanto, apesar de sabermos disso, sofremos de fadiga de compaixão, somos prejudicados por nossos pontos cegos e regredimos cronicamente ao mediano. Passamos por ciclos de acolhimento e repelimento mútuo. De fato, o estudo dos seres humanos em ambientes sociais é em grande parte o estudo da exclusão e do medo. Por exemplo, apenas um terço dos trabalhadores dos EUA acredita que suas opiniões contam.[6]

Questões-chave: Você se sente incluído e ouvido no trabalho? E na escola? E em casa?

Apesar de nossas histórias de vida únicas, compartilhamos experiências comuns. Todos nós já sentimos a dor da rejeição e da reprovação. Ao mesmo tempo, todos já praticamos nossa quota de exclusão e segregação, de manipulação e controle, de privação e depreciação, já despertamos amizades e inimizades. Todos já criamos barreiras raciais, sociais ou a outros segmentos demográficos ou psicográficos; fizemos julgamentos injustos e tratamos mal outras pessoas. Sabemos algo sobre marginalidade porque todos já fomos marginalizados. Podemos ser benevolentes, compassivos e bondosos. Mas, como disse o poeta do Renascimento do Harlem, Langston Hughes, também podemos ser: "Terrivelmente desprezíveis e cruéis".[7]

Temos tendências construtivas e destrutivas. Às vezes nos classificamos da mesma forma que fazemos com as borboletas na quarta série. Convidamos e desconvidamos, incluímos e excluímos, ouvimos e ignoramos, curamos e abusamos, santificamos e ferimos. Amamos e odiamos nossa diversidade.

xix

Prefácio

> **Questões-chave:** Você está excluindo, manipulando ou tratando mal alguém? Existe alguma área da sua vida em que você está sendo "terrivelmente desprezível e cruel"?

Eu nunca conheci um ser humano infalível. Nem conheci um pai, professor ou treinador perfeito. Cada um é um trabalho em andamento, um aprendiz da grandeza. Estamos todos quebrados, danificados, feridos e culpados, e ainda assim possuímos dons incríveis.

É uma noção idealizada pensar que podemos nos desligar da sociedade e viver deliberadamente isolados. A alternativa monástica e enclausurada nunca funciona, e a realidade virtual é uma bolha de indulgência. A verdade é que somos inseridos, implicados, vinculados e moldados uns pelos outros. Hannah Arendt observou acertadamente: "O mundo está entre as pessoas, e esse espaço intermediário... é hoje o objeto de maior interesse e a revolta de mais evidência em quase todos os países do planeta".[8]

Abra-se

Por favor, não leia este livro para obter informações. Leia-o para agir. Leia-o para mudar. Abra-se e olhe para dentro. Este é o momento de reunir coragem para realizar um inventário pessoal minucioso e destemido. E se acontecer de você liderar uma família, equipe ou organização, faça um exame de consciência institucional ao longo desse processo.

Tenho quatro perguntas para lhe fazer:

- Primeiro, você realmente acredita que todos os homens e mulheres são criados iguais, e você aceita os outros e os acolhe em sua sociedade simplesmente porque eles possuem carne e sangue, mesmo que seus valores sejam diferentes dos seus?

- Em segundo lugar, sem preconceitos ou discriminação, você encoraja os outros a aprender e crescer, e você os apoia nesse processo mesmo quando eles não têm confiança ou cometem erros?

- Terceiro, você concede aos outros o máximo de autonomia para contribuir à sua maneira, à medida que demonstram sua capacidade de entregar resultados?

- Quarto, você sempre convida outras pessoas a desafiar o status quo para melhorar as coisas, e você está pessoalmente preparado para estar errado com base na humildade e na mentalidade de aprendizado que você desenvolveu?

Essas quatro perguntas se alinham com os quatro estágios da segurança psicológica. Em grande parte, a maneira como você responde a essas perguntas definirá a maneira como valoriza os seres humanos e seus relacionamentos com eles. Definirá a maneira como atrai as pessoas ou as afasta, cria confiança ou induz medo, encoraja ou desencoraja. Isso determinará como você lidera e influencia os outros.

O filósofo Thomas Hobbes disse que existe "uma inclinação geral de toda a humanidade, um desejo perpétuo e incansável pelo poder, que cessa apenas na morte."[9] Esse desejo de poder, riqueza e engrandecimento vai contra o florescimento humano porque estamos conectados, e não somos autossuficientes. "Somos", como disse o ex-arcebispo de Canterbury Rowan Williams, "curados pela relação, não pelo isolamento."[10]

Traçar linhas de exclusão não está enraizado em nossa biologia. É a adoração do poder e da distinção, da insegurança e do egoísmo comum que nos leva a nos dividir. Como humanos, procuramos lealdades às quais nos apegar. De nossos apegos emergem nossas diferenças. Das nossas diferenças emergem as nossas divisões. De nossas divisões emergem nossas classes, escalões e posições. E é desses espaços entre nós que começam as comparações, a empatia desaparece, surgem o medo e a inveja, surgem os conflitos, os antagonismos são gerados, surgem os instintos destrutivos e impulsos de abuso e crueldade. No espírito de nosso fanatismo, inventamos dogmas para justificar as formas como atormentamos uns aos outros. Ironicamente, em nossa era digital, nos conectamos e nos sentimos sozinhos, fazemos comparações e nos sentimos inadequados.[11] De fato, se você tiver um desejo repentino de se sentir "menos do que", passe uma hora em sua plataforma de mídia social favorita.

Conceito-chave: Ao comparar e competir, você perde a capacidade de se conectar.

Prefácio

> **Questão-chave:** Existem áreas em sua vida em que você está perdendo a capacidade de se conectar fazendo comparações inúteis ou destrutivas com os outros?

Embora possamos ser maus amigos, também podemos ser um alento para momentos difíceis — sacerdotes, curandeiros e bons vizinhos. Somos capazes de compaixão, generosidade e dotados de um altruísmo único. Não estou defendendo o heroísmo e grandes expressões de autossacrifício. Não, minha incumbência para você é, no sentido mais básico, tratar os seres humanos como eles merecem ser tratados — sem distinções arbitrárias. Aceite-os, incentive-os, respeite-os e lhes dê liberdade. Se você quer ser feliz, aceite seus semelhantes. Perca a superioridade simulada. Pare de enfatizar os erros e comece a estender a mão. Muitos de nós vivem muito abaixo de nossos privilégios, trancados no que W. B. Yeats chamou de "loja de osso e trapo da emoção"[12]. Se você puder criar um pouco mais de segurança psicológica para seus companheiros viajantes, isso transformará a sua vida e a deles. Convido você a mudar. Altere a maneira como você vê e trata a humanidade. A jornada em que eu o levarei criará alegria e dor. Nós nunca estamos prontos para isso, então a verdadeira questão é: você está disposto?

A verdadeira fronteira da modernidade não é a inteligência artificial; é a inteligência emocional e social. Vou lhe mostrar o porquê.

Conceitos-chave

- A tarefa do líder é aumentar, simultaneamente, o atrito intelectual e diminuir o atrito social.

- A presença do medo em uma organização é o primeiro sinal de liderança fraca.

- A segurança psicológica é uma condição na qual você se sente (1) incluído, (2) seguro para aprender, (3) seguro para contribuir e (4) seguro para desafiar o status quo — tudo sem medo de ser envergonhado, marginalizado ou punido de algum modo.

- Ao comparar e competir, você perde a capacidade de se conectar.

Prefácio

Questões-chave

- Você já foi parar em um ambiente completamente estranho? Desconfiou das pessoas que encontrou? Que preconceito ou tendência levou consigo?
- Você já esteve em uma posição de poder? Já esteve em uma posição sem poder? A ausência ou presença de poder modificou seu comportamento?
- Já fez parte de uma organização que era dominada pelo medo? Como reagiu a isso? Como as outras pessoas reagiram?
- Você já percebeu que a vida familiar é quase sempre o lugar mais desafiador para modelar e aplicar os princípios corretos de liderança?
- Você se sente incluído e ouvido no trabalho? E na escola? E em casa?
- Está excluindo, manipulando ou tratando mal alguém? Existe alguma área da sua vida em que você está sendo "terrivelmente desprezível e cruel"? Existem áreas em sua vida em que está perdendo a capacidade de se conectar fazendo comparações inúteis ou destrutivas com os outros?
- Estou pedindo para você mudar. Mude a maneira como você vê e trata a humanidade. A jornada em que eu o levarei criará alegria e dor. Nós nunca estamos prontos para isso, então a verdadeira questão é: você está disposto?

As Quatro Questões

- Primeiro, você realmente acredita que todos os homens e mulheres são criados iguais, e você aceita os outros e os acolhe em sua sociedade simplesmente porque eles possuem carne e sangue, mesmo que seus valores sejam diferentes dos seus?
- Em segundo lugar, sem preconceitos ou discriminação, você encoraja os outros a aprender e a crescer, e você os apoia nesse processo mesmo quando eles não têm confiança ou cometem erros?
- Terceiro, você concede aos outros o máximo de autonomia para contribuir à sua maneira, à medida que demonstram sua capacidade de entregar resultados?

Prefácio

- Quarto, você sempre convida outras pessoas a desafiar o status quo com o intuito de melhorar as coisas, e você está pessoalmente preparado para estar errado com base na humildade e na mentalidade de aprendizado que desenvolveu?

Introdução

Passei minha infância em Durango, Colorado. Meu pai era professor entre os navajos, o segundo maior povo indígena norte-americano, depois dos cherokees. Embora não fôssemos indígenas norte-americanos nem falantes de navajo, essas pessoas nos acolheram em sua sociedade. As diferenças culturais entre nós eram significativas e não desapareceram magicamente, mas eles nos aceitaram — não de uma vez, mas gradualmente – estendendo laços de afeto e um sentimento de pertencimento que percebi claramente quando criança. Eles nos incluíram, e pudemos sentir essa sensação de inclusão.

Certa ocasião, fui com meu pai a uma parte remota da reserva. Ao passarmos por um pequeno povoado, vimos um homem do lado de fora. Papai parou a caminhonete e caminhou para cumprimentar o homem, sabendo que, se ele não parasse, poderia criar suspeitas, porque era incomum que não indígenas circulassem por esse lugar isolado. Fiquei na caminhonete e observei a interação. Os homens não apertaram as mãos. Não houve nenhum tipo de saudação. Tampouco pude ver no rosto do homem navajo qualquer pista não verbal para indicar seu humor ou reação. Ele parecia sem emoção, e essa falta de sentimento me levou a acreditar que ele não estava feliz. Sem um sorriso ou aceno, os homens simplesmente se separaram. Quando meu pai voltou para a caminhonete, tive certeza de que ele o havia ofendido.

Questões-chave: Você já julgou mal outra pessoa porque não entendeu as diferenças culturais?

Introdução

"Ele está com raiva?", perguntei, enquanto meu pai voltava para a caminhonete.

Meu pai me lançou um olhar perplexo e respondeu: "Ele disse que poderíamos ficar em suas terras e tomar banho em seu riacho."

Eu tinha interpretado mal toda a comunicação.

Antes de entrarmos em contato um com o outro, estamos em um estado de separação, mas não em um estado de exclusão. Somos estranhos, mas não alienados. Sempre que os seres humanos começam a interagir, eles iniciam o processo de decidir se e como aceitarão uns aos outros em suas respectivas sociedades. O modo como aceitamos ou rejeitamos, incluímos ou excluímos, assume muitas formas, mas a principal maneira de estabelecer limites entre nós é concedendo ou negando segurança psicológica. Deixe-me repetir a definição:

> **Conceito-chave:** A segurança psicológica é uma condição na qual você se sente (1) incluído, (2) seguro para aprender, (3) seguro para contribuir e (4) seguro para desafiar o status quo — tudo sem medo de ser envergonhado, marginalizado ou punido de algum modo.

O conceito de segurança psicológica é tão antigo quanto a primeira interação humana. Mas só nos últimos anos o consolidamos sob um termo unificador desde que o psicólogo William Kahn o cunhou em 1990. Outros pesquisadores pioneiros como Edgar Schein, Warren Bennis e Amy Edmondson nos ajudaram a entender como e por que a segurança psicológica está diretamente relacionada ao desempenho da equipe e ao impacto nos negócios.[1] No passado, usávamos outros termos para identificar a segurança psicológica e seus antecedentes. Por exemplo, Carl Rogers falou da necessidade de "consideração positiva incondicional".[2] Douglas McGregor se referiu a "necessidades de segurança" não físicas.[3] O vencedor do Prêmio Nobel Herbert Simon sugeriu que organizações plenamente funcionais requerem "atitudes de amizade e cooperação."[4] E, finalmente, se você voltar a Abraham Maslow, ele identificou "necessidades de pertencimento", afirmando que, "se tanto as necessidades fisiológicas quanto as de segurança forem razoavelmente bem satisfeitas, então surgirão as necessidades de amor, afeto e pertencimento."[5]

A segurança psicológica é uma necessidade pós-materialista, mas não é menos uma necessidade humana do que comida ou abrigo. Na verdade, seria

Introdução

possível argumentar que a segurança psicológica é simplesmente a manifestação da necessidade de autopreservação no sentido social e emocional. Ou você pode chamar isso de amor industrializado. Eric Fromm explicou: "A menos que ele [referindo-se a mulheres e homens] pertencesse a algum lugar, a menos que sua vida tivesse algum significado e direção, ele se sentiria como uma partícula de poeira e seria dominado por sua insignificância individual. Ele não seria capaz de se relacionar com nenhum sistema que desse sentido e direção à sua vida, ficaria cheio de dúvidas, e essas dúvidas acabariam por paralisar sua capacidade de agir, isto é, de viver."[6]

Na hierarquia das necessidades, a segurança psicológica abrange as necessidades de satisfação, pertencimento e segurança — três das quatro categorias de necessidades básicas (figura 3). Uma vez atendidas as necessidades físicas básicas de alimentação e abrigo, a segurança psicológica torna-se uma prioridade.

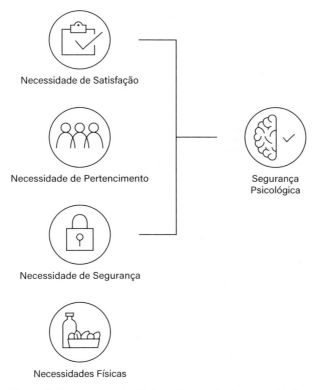

Figura 3: Segurança psicológica e hierarquia de necessidades

Introdução

> **Questão-chave:** Existem áreas de sua vida em que a falta de segurança psicológica limita sua capacidade de agir, viver e ser feliz?

Pense em um momento em que você foi envergonhado, marginalizado ou rejeitado em um ambiente social — um professor ignorou sua pergunta, um chefe criticou sua ideia, um colega de trabalho zombou de sua pronúncia em inglês, um diretor de elenco ridicularizou sua audição, um treinador gritou com você por cometer um erro, sua equipe o abandonou e foi almoçar. Estou me referindo a momentos em que você foi privado de segurança psicológica. Você se lembra dessas experiências dolorosas? Elas são marcantes porque ferem.

Essas ocasiões influenciam seu comportamento? Como nos lembra o sociólogo Arlie Russell Hochschild: "Sentir é uma forma de pré-ação."[7] Quando somos esnobados, ignorados, silenciados, desprezados, ostracizados ou humilhados; quando somos intimidados, assediados ou envergonhados; quando somos rejeitados, ignorados ou negligenciados, essas experiências não são eventos neutros. Elas são desmoralizantes, levam à alienação e ativam os centros de dor do cérebro. Minam a confiança e nos deixam em um silêncio ressentido e estupefato. Na verdade, às vezes o medo dessas coisas pode ser mais debilitante do que a coisa real. Claramente, a maneira como nos sentimos influencia o que pensamos e fazemos.

Não ter voz e ser maltratado pode ter um impacto profundo em nossa capacidade de atuar, criar valor e prosperar. Como seres humanos, sentimos instintivamente a vibração, o tom e a atmosfera ao nosso redor e reagíamos de acordo com isso. Mas não se trata de uma proposição binária — segurança psicológica não é algo que você tem ou não tem. Da base familiar aos SEALs da Marinha, do food truck ao gabinete do presidente — toda unidade social registra algum nível de segurança psicológica.

Nas organizações, é uma descoberta incontestável que a alta segurança psicológica impulsiona o desempenho e a inovação, enquanto a baixa segurança psicológica incorre nos custos incapacitantes da baixa produtividade e alto desgaste. O Projeto Aristóteles do Google provou que pontos de QI e dinheiro não necessariamente produzem resultados. Depois de estudar 180 de suas equipes, o Google descobriu que inteligência e recursos não podem compensar o que uma equipe pode não ter em segurança psicológica. Na verdade, a empresa

Introdução

considerou a segurança psicológica como o fator mais importante para explicar o alto desempenho.[8]

> **Conceito-chave:** Uma organização que espera que os funcionários se dediquem totalmente ao trabalho deve envolver todos os funcionários.

Quando a segurança psicológica é alta, as pessoas assumem mais propriedade e liberam mais esforço discricionário, resultando em aprendizagem e resolução de problemas mais rápidos. Quando está baixa, as pessoas são paralisadas pelo medo. Em vez disso, elas se fecham, se autocensuram e redirecionam sua energia para o gerenciamento de riscos, prevenção da dor e autopreservação. Como Celia Swanson, ex-vice-presidente executiva do Walmart, disse: "Tomar a decisão de se manifestar contra uma cultura tóxica é uma das decisões mais difíceis que os funcionários podem enfrentar em suas carreiras."[9]

> **Conceito-chave:** No século XXI, a alta segurança psicológica se tornará cada vez mais um termo de compromisso, e as organizações que não a fornecerem perderão seus principais talentos.

Meu trabalho de campo com organizações de todos os setores, culturas e demografias me levou a identificar um padrão consistente nas formas como as unidades sociais garantem segurança psicológica e como os indivíduos a percebem. Há uma progressão natural em quatro estágios de desenvolvimento com base em uma combinação de respeito e permissão. Por *respeito*, quero dizer o nível geral de consideração e estima que oferecemos uns aos outros. Respeitar alguém é valorizá-lo e apreciá-lo. Por *permissão*, quero dizer a permissão dada a outros para participar como membros de uma unidade social, o grau em que permitimos que eles nos influenciem e participem do que estamos fazendo.

À medida que as organizações concedem níveis crescentes de respeito e permissão, os indivíduos geralmente se comportam de uma maneira que reflete o nível de segurança psicológica oferecido a eles. Cada estágio incentiva os indivíduos a se envolverem mais e acelerarem tanto seu desenvolvimento pessoal quanto o processo de criação de valor.

Introdução

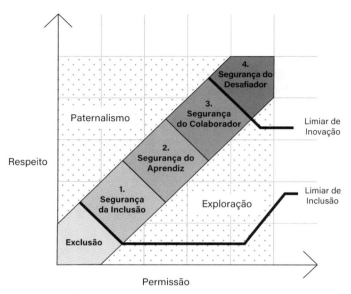

Figura 4. O caminho da inclusão à inovação

Conceito-chave: As pessoas florescem quando participam de um sistema cooperativo com alta segurança psicológica.

A estrutura dos "quatro estágios de segurança psicológica" pode ser usada como uma ferramenta de diagnóstico para avaliar o estágio de segurança psicológica em qualquer organização ou unidade social (figura 4). As explicações a seguir de cada etapa são apenas resumos. Passarei o restante do livro explorando cada um dos quatro estágios com mais detalhes.

Estágio 1 Segurança da Inclusão

O primeiro estágio da segurança psicológica é a admissão informal na equipe — seja no clube do livro do bairro ou no Colégio dos Cardeais. Em outras palavras, trata-se da aceitação dos membros do coletivo social, o que nos concede uma identidade compartilhada. Você agora está desestigmatizado como um estranho e incluído no rebanho. Mas é importante entender que a segurança da inclusão não é meramente tolerância; não é uma tentativa de encobrir diferenças ou fingir educadamente que elas não estão lá. Não, a segurança da inclusão

Introdução

é fornecida ao convidar genuinamente outros para sua sociedade com base na única qualificação possível: a de que eles possuem carne e sangue. Essa conexão transcendente substitui todas as outras diferenças.

Conceito-chave: A necessidade de ser aceito precede a necessidade de ser ouvido.

Como espécie, temos instintos naturais e socialização adquirida para detectar limites sociais, bem como gestos de convite ou rejeição por intermédio desses limites — para perceber os níveis de respeito e permissão oferecidos a nós.

Por exemplo, quando uma nova aluna do ensino médio pergunta a seus colegas: "Posso almoçar com vocês?" A resposta a essa pergunta amplia a segurança da inclusão se os alunos disserem sim. Se eles disserem não, o indivíduo não tem permissão para cruzar o limiar de inclusão. Em uma versão mais sutil desse encontro, a aluna é simplesmente ignorada pelos colegas ao passar. Em alguns casos, nós nos ignoramos como uma maneira gentil de demonstrar desprezo. Independentemente disso, dói quando você é rejeitado e a aceitação é negada. Como um exemplo pungente da necessidade aguda de inclusão, uma pesquisa da American College Health Association com estudantes universitários descobriu que 63% dos estudantes entrevistados relataram se sentir "muito solitários". Isso é quase dois terços da população estudantil.[10] Apesar de nossa abundância material, sofremos cada vez mais de pobreza social e emocional.[11]

Conceito-chave: Ser ignorado muitas vezes é tão doloroso quanto ser rejeitado.

William James, o pai da psicologia norte-americana, disse: "Nenhuma punição mais diabólica poderia ser inventada, se tal coisa fosse fisicamente possível, do que ser solto na sociedade e permanecer absolutamente despercebido por todos os seus membros. Se ninguém se virasse quando entrássemos, respondesse quando falássemos ou se importasse com o que fizéssemos, se cada pessoa que encontrássemos 'nos desse um gelo' e agisse como se fôssemos inexistentes, uma espécie de raiva e desespero impotente surgiria rapidamente em nós, diante da qual a mais cruel tortura corporal seria um alívio."[12]

Por que atiradores ativos matam vítimas inocentes? Por que os cidadãos vomitam rancor e ódio? Por que a taxa de suicídio nos Estados Unidos au-

Introdução

mentou 33% apenas nos últimos dezoito anos?[13] Diretamente ligados à alienação, ao desafeto e ao ostracismo, esses resultados trágicos resultam de necessidades profundamente não atendidas. Claramente, conceder e receber segurança da inclusão é uma questão não apenas de felicidade, mas, de fato, de vida ou morte.

> **Conceito-chave:** Quando os seres humanos não podem obter aceitação ou aprovação uns dos outros, eles geralmente procuram atenção como um substituto, mesmo que essa atenção seja destrutiva.

A segurança da inclusão é criada e mantida por meio de uma nova admissão ao grupo, bem como por repetidas indicações de aceitação. No mundo dos negócios, somos formalmente admitidos em uma equipe quando somos contratados, mas a adesão informal é concedida ou negada pelas pessoas com quem trabalhamos. Você pode ser o novo contratado da equipe de desenvolvimento de software, o que lhe dá o status de membro oficial, mas ainda precisa da aceitação sociocultural da equipe para obter segurança da inclusão. Fornecer segurança da inclusão é um imperativo moral.

Estágio 2   Segurança do Aprendiz

A segurança do aprendiz indica que você se sente seguro para se envolver no processo de descoberta, fazer perguntas, experimentar e até cometer erros — não se, mas quando, você os cometer. Sem a segurança do aprendiz, você provavelmente permanecerá passivo devido ao risco de agir além de uma linha tácita de permissão. Em crianças, adolescentes e adultos, os padrões são os mesmos: todos levamos nossas inibições e ansiedade para o processo de aprendizagem.

> **Conceito-chave:** Quando o ambiente menospreza, rebaixa ou corrige severamente as pessoas no processo de aprendizagem, a segurança do aprendiz é destruída.

Um ambiente que conceda passagem segura para o aprendizado faz o potencial desabrochar, cultivando confiança, resiliência e independência.

Embora os indivíduos possam permanecer relativamente passivos no estágio de segurança da inclusão, a segurança do aprendiz exige que eles se esforcem

Introdução

e desenvolvam a autoeficiência. Eles não são mais espectadores. A transição para a segurança do aprendiz significa adentrar a ansiedade do desconhecido. Quando a segurança do aprendiz está presente, o líder e a equipe podem até fornecer um pouco da confiança que falta ao indivíduo. Por exemplo, dias depois que o filósofo francês Albert Camus ganhou o Prêmio Nobel de literatura em 1957, ele escreveu uma carta de agradecimento ao seu professor primário. Ele disse: "Caro Monsieur Germain, sem você, sem a mão afetuosa que você estendeu para a pobre criança que eu era, sem seus ensinamentos e seu exemplo, nada disso teria acontecido."[14]

A segurança do aprendiz implica atividade e participação dentro de limites definidos. Por exemplo, observei um encanador aprendiz ajudando um encanador mais experiente em um local de trabalho. Ao aprendiz foi dada segurança para observar, tirar dúvidas, preparar ferramentas e materiais e contribuir de forma limitada com o trabalho. À medida que o mestre encanador respondia positivamente às perguntas do aprendiz, este apresentou um esforço mais discricionário para aprender, fazer e se transformar.

Em um caso contrastante, observei a frustração crescente de um gerente de hotel com um funcionário da recepção que estava tentando resolver um problema urgente de um cliente. Quanto mais perguntas o funcionário fazia, mais frustrado o gerente ficava. Essa frustração substituiu o respeito e a permissão, criando uma barreira emocional que bloqueou a vontade do funcionário de fazer mais perguntas e iniciar uma ação. Como esperado, o funcionário começou a se comportar como uma vítima complacente, perdendo tanto a iniciativa quanto o entusiasmo.

Estágio 3   Segurança do Colaborador

À medida que os desempenhos individuais aumentam em um ambiente estimulante que oferece respeito e permissão, entramos no estágio da segurança do colaborador, que convida o indivíduo a participar como um membro ativo e pleno da equipe. A segurança do colaborador é um convite e uma expectativa para realizar o trabalho em uma função atribuída com limites apropriados, na suposição de que você pode desempenhar sua função com competência. Uma vez que as normas sociais da equipe não sejam quebradas, a segurança

Introdução

do colaborador é adquirida, normalmente, quando se ganha competência nas habilidades necessárias e tarefas atribuídas.

> **Conceito-chave:** À medida que o indivíduo demonstra competência, a organização normalmente lhe concede mais autonomia para contribuir.

A transição para a segurança do colaborador também pode estar vinculada a credenciais, título, cargo e atribuição formal de autoridade. Por exemplo, quando um treinador seleciona um jogador de uma equipe atlética para se juntar à equipe titular, geralmente há uma transição imediata para a segurança do colaborador. Quando um hospital contrata uma cirurgiã bem qualificada, ela recebe formalmente a segurança do colaborador. Assim, onde a autoridade formal ou credenciais são pré-requisitos para uma função, elas atuam como um proxy parcial para a segurança psicológica com base no direito oficial ou legal de contribuir.

Apesar da capacidade de fazer o trabalho, um indivíduo pode ter a segurança do colaborador negada por razões ilegítimas, incluindo a arrogância ou insegurança do líder, tendências pessoais ou institucionais, preconceito ou discriminação, normas prevalecentes da equipe que reforçam a insensibilidade, falta de empatia ou distanciamento. A segurança do colaborador surge quando o indivíduo tem um bom desempenho, mas o líder e a equipe devem fazer sua parte para proporcionar incentivo e autonomia adequada.

Estágio 4   Segurança do Desafiador

O estágio final da segurança psicológica permite que você desafie o status quo sem retaliação, represália ou o risco de prejudicar sua posição ou reputação pessoal. Isso lhe dá a confiança para falar a verdade para pessoas em posição de poder quando achar que algo precisa mudar e é hora de dizer isso. Munidos com a segurança do desafiador, os indivíduos superam a pressão em se conformar e podem se inserir no processo criativo.

Analisando seu enorme banco de dados de mais de 50 mil habilidades, o LinkedIn realizou um estudo para identificar as habilidades sociais mais importantes. Você consegue adivinhar qual habilidade foi mais procurada? A criatividade.[15] Mas criatividade nunca é suficiente. Somente quando as pessoas

Introdução

se sentem livres e capazes, colocam em prática sua criatividade. Cada um de nós protege nossa criatividade sob um cadeado emocional. Viramos a chave de dentro para fora — quando é seguro fazê-lo. Sem a segurança do desafiador, há pouca chance disso ocorrer porque ameaças, julgamentos e outras crenças limitantes bloqueiam a curiosidade em nós mesmos e nos outros.

> **Conceito-chave:** Qual a probabilidade de você inovar se não notar níveis elevados de respeito e permissão ao seu redor?

Um gerente de nível médio de uma corporação global resumiu isso da seguinte forma: "Tenho muito cuidado em arriscar o pescoço e desafiar o status quo. Se eu fizer isso e não cortarem minha cabeça, farei de novo. Se cortarem minha cabeça, você pode ter certeza de que guardarei minhas ideias para mim."

Essa afirmação ilustra o instinto de autocensura que todos os humanos possuem e a vantagem competitiva inerente que a segurança do desafiador oferece. O clima aberto fornecido pela segurança do desafiador permite que a organização faça o seu conhecimento circular da base para o topo, aumentando sua capacidade de adaptação. Mas isso não é tudo: as pessoas também se sentem empoderadas a ser curiosas e criativas.

Se você realizar uma análise *post mortem* de falha para quase qualquer organização comercial que falir, poderá associar a causa da morte à falta de segurança do desafiador. Por exemplo, por que Kodak, Blockbuster, Palm, Borders, Toys "R" Us, Circuit City, Atari, Compaq, Radio Shack e AOL falharam? Elas perderam sua vantagem competitiva ao não inovar, mas por quê? Essas organizações repletas de um grande número de pessoas altamente inteligentes e, no entanto, todas foram vítimas de ameaças competitivas que estavam escondidas à vista de todos. As estratégias compensatórias que seus concorrentes colocaram em prática não eram misteriosas. Elas eram, de fato, óbvias. O que tais organizações não conseguiram fazer foi desafiar o status quo e desconstruir a si mesmas. Elas foram, como Thoreau observou, "enterradas na sepultura do costume". Elas permitiram que o status quo se fossilizasse e não se permitiriam alterá-lo.

O processo de escrutinar o status quo normalmente injeta um grau de conflito, confronto e, às vezes, uma medida de caos. Quando há censura ou punição, quando o conflito intelectual se transforma em conflito interpessoal,

Introdução

quando o medo se torna um motivador, o processo entra em colapso e as pessoas se calam.

> **Conceito-chave:** Onde não há tolerância para a franqueza, não há dissidência construtiva. Onde não há dissidência construtiva, não há inovação.

A segurança do desafiador é uma licença para a inovação. É trabalho do líder gerenciar a tensão e extrair o gênio coletivo das pessoas e, em seguida, sustentar esse processo recursivo por meio de tentativa e erro. O esplendor emerge da interdependência da equipe. Mas as organizações muitas vezes relutam em conceder segurança do desafiador porque isso ameaça a estrutura de poder, a alocação de recursos, incentivos, sistema de recompensa e a velocidade de operação. A inovação é a força vital do crescimento e, no entanto, trata-se de um desafio cultural formidável. Algumas organizações nunca entendem isso. Outras entendem e depois esquecem. "As organizações têm hábitos", observa Brad Anderson, CEO da Best Buy, "e, às vezes, se apegam a seus hábitos às custas de sua própria sobrevivência".[16] Esse padrão também é verdadeiro em nível individual.

> **Questão-chave:** Quais de seus hábitos fossilizados precisam ser modificados?

Para muitos líderes, pedir algo que os torne pessoalmente vulneráveis está além de sua capacidade moral, emocional e intelectual. É por isso que eles não conseguem cruzar o limiar da inovação e criar esse alto nível de segurança psicológica em suas organizações. Considere o desastre do ônibus espacial *Challenger* causado pela falha dos anéis de vedação usados nas juntas de campo dos propulsores de foguetes sólidos. Os anéis não foram projetados para funcionar adequadamente sob as condições frias do dia do lançamento. Especialistas alertaram a NASA para não lançar o ônibus espacial em temperaturas abaixo de 11 graus, mas sentindo a pressão dos atrasos de lançamentos anteriores, a liderança sênior silenciou os detratores, rejeitou os avisos e prosseguiu. Arrogância e falta de segurança do desafiador contribuíram para a tragédia.

Como trabalho com líderes em organizações que operam em ambientes altamente dinâmicos, aqueles que criam segurança do desafiador ganham

Introdução

vantagem competitiva porque são capazes de acelerar o processo de inovação. Aqueles propensos a valorizar o status formal e acumular poder não podem porque, como disse o grande mestre de xadrez Gary Kasparov, "não têm a coragem de explodir o jogo". Incapaz de abraçar a vulnerabilidade, sacrificar interesses pessoais e escapar de suas necessidades de ego, eles não estão à altura do trabalho.

Finalmente, para escalar a inovação em toda a organização, os líderes devem estabelecer uma norma para desafiar o status quo. Nenhuma caixa de sugestões habilitada por tecnologia ou *jam session* colaborativa funcionará sem uma segurança do desafiador subjacente. E lembre-se de que não responder a uma sugestão pode ser pior do que a rejeição total — que é, pelo menos, um reconhecimento.

No século XXI, a necessidade pela segurança do desafiador está se tornando mais importante à medida que os mercados em aceleração reduzem a margem média de vantagem competitiva. Em 1966, a permanência média de uma empresa S&P 500 era de 33 anos. Ela encolheu para 24 anos até 2016 e está prevista para cair para 12 anos até 2027.[17]

A suposição daqui para frente é que essa tendência continuará sem um novo equilíbrio ou estado de normalidade. Com exceção de algumas organizações que parecem ter um fosso impenetrável de vantagem competitiva, as organizações precisarão criar e sustentar a segurança do desafiador como a força incubadora que permite a inovação perpétua. Sem isso, eles não terão agilidade para competir.

E se uma organização não purgou seu legado de preconceito contra mulheres, minorias, identidades religiosas ou outras características humanas? A maioria das organizações concede igualdade e inclusão como uma questão de política; poucos vivem e respiram isso como uma questão de cultura e comportamento. Como, então, uma organização pode converter a diversidade na composição em diversidade ativa, confiante e vibrante na ação? Sem segurança psicológica, a diversidade intelectual ficará em repouso. Aqueles que vivem e trabalham nas sombras reprimirão seu instinto de exploração. Eles não se envolverão em dissensões construtivas porque nunca viram isso acontecer. Tampouco lhes foi concedido o respeito e a permissão para participar.

13

Introdução

A Pista de Boliche e as Canaletas

O que acontece quando uma equipe concede algum respeito ou permissão a seus membros, mas não ambos — quando o padrão de segurança psicológica sai da pista de boliche, por assim dizer, para a canaleta de um lado ou do outro? (Consulte a figura 4 para observar a localização do paternalismo e da exploração na estrutura.)

Quando uma equipe oferece uma medida de respeito, mas muito pouca permissão, ela cai na sarjeta do paternalismo. Líderes paternalistas agem como pais helicópteros e ditadores benevolentes que microgerenciam seus filhos, que afagam a cabeça dos filhos e lhes dizem para não tocarem nas coisas. No início de minha carreira, o CEO de uma pequena empresa para a qual eu trabalhava pediu aos membros de nossa equipe um feedback sobre a organização. Eu interpretei mal os sinais, acreditando erroneamente que a segurança do desafiador havia sido concedida a mim, e passei várias horas preparando um memorando. Nunca tive resposta do CEO e mais tarde soube por meus colegas que tal solicitação não era genuína. Também aprendi com meus próprios sentimentos que o paternalismo gera cinismo e desengajamento.

> **Questão-chave:** Você vê evidências de paternalismo em sua família, escola ou local de trabalho, onde as pessoas microgerenciam outras e as deixam impotentes?

Por outro lado, o que acontece quando uma equipe concede uma medida de permissão para contribuir, mas pouco respeito? Nesse caso, a equipe cai na canaleta da exploração — uma condição na qual o líder tenta extrair valor sem valorizar aqueles que o criam. Levado ao extremo, isso é escravidão e exploração. Mas há exemplos cotidianos ao nosso redor na forma de comportamentos como humilhação, assédio e bullying. Você poderia pensar que isso incitaria uma revolta populista e, ainda assim, as pessoas rotineiramente suportam esses maus-tratos por medo de perder seus empregos.

> **Questões-chave:** Você vê evidências de pessoas se aproveitando de outras em sua família, escola ou local de trabalho? Comportamentos como humilhação, assédio ou intimidação se tornaram rotineiros?

Introdução

Como gerente de fábrica, muitas vezes testemunhei um estilo de liderança baseado em comando e controle, medo e intimidação, que tinha pouca consideração pela humanidade e considerava os trabalhadores como carne mercantilizada. Como resultado, acabei classificando os gerentes como consumidores ou contribuintes líquidos. Os consumidores consomem. É o seu impulso principal. Eles tendem a ver tudo e todos como meios para sua própria gratificação e consideram a liderança como um caminho para sua própria indulgência. Seu paradigma de liderança é construído na premissa de que eles são melhores ou mais merecedores do que os outros membros da espécie.

No outro campo, encontramos colaboradores. Eles chegam prontos para servir, construir, encorajar e melhorar as coisas. Também são levados a alcançar o sucesso pessoal, mas aqui está a diferença: eles param de usar ou sacrificar outros para fazê-lo. Recusando-se a pisar no pescoço de outra pessoa para conseguir o que querem, eles carregam uma convicção ardente de que os seres humanos são o fim, nunca um meio.

Conclusão

Vejo celebrações acríticas da diversidade em todos os lugares, mas a diversidade não produz nada e não abençoa ninguém, a menos que seu valor possa ser extraído. O trabalho mais importante de um líder — acima de criar uma visão e definir uma estratégia — é atuar no papel de arquiteto social e nutrir um contexto no qual as pessoas recebam o respeito e a permissão para (1) se sentirem incluídas, (2) aprender, (3) contribuir e (4) inovar. É o estágio culminante do desenvolvimento da liderança e da cultura organizacional para criar e sustentar esse tipo de ambiente.

Conceito-chave: As organizações não superam seus líderes, elas os refletem.

Para criar segurança psicológica, se faz necessário definir o tom e modelar o comportamento. Ou você mostra o caminho ou atrapalha. Se puder aprender a colher todos os frutos da segurança psicológica, você transformará famílias, escolas, organizações e sociedades, permitindo que as pessoas realizem seus anseios profundos — viver vidas felizes, conectadas, criativas, contributivas e belas.

Introdução

Conceitos-chave

- A segurança psicológica é uma condição na qual você se sente (1) incluído, (2) seguro para aprender, (3) seguro para contribuir e (4) seguro para desafiar o status quo, tudo sem medo de ser humilhado, marginalizado ou punido de algum modo.

- Uma organização que espera que os funcionários se dediquem totalmente ao trabalho deve envolver todo os empregados.

- No século XXI, a alta segurança psicológica se tornará cada vez mais um termo de compromisso, e as organizações que não a fornecerem perderão seus principais talentos.

- As pessoas prosperam quando participam de um sistema cooperativo com alta segurança psicológica.

- A necessidade de ser aceito precede a necessidade de ser ouvido.

- Ser ignorado muitas vezes é tão doloroso quanto ser rejeitado.

- Quando os seres humanos não podem obter aceitação ou aprovação uns dos outros, eles geralmente buscam atenção como um substituto, mesmo que essa atenção seja de natureza destrutiva.

- Quando o ambiente menospreza, rebaixa ou nos corrige duramente no processo de aprendizagem, a segurança do aprendiz é destruída.

- À medida que o indivíduo demonstra desempenho competente, a organização normalmente concede mais autonomia para contribuir.

- Onde não há tolerância para a franqueza, não há dissidência construtiva. Onde não há dissidência construtiva, não há inovação.

- As organizações não superam seus líderes, elas os refletem.

Introdução

Questões-chave

- Você já julgou mal outra pessoa porque não entendeu as diferenças culturais?
- Existem áreas em sua vida em que a falta de segurança psicológica limita sua capacidade de agir, viver e ser feliz?
- Qual a probabilidade de você inovar se não perceber altos níveis de respeito e permissão?
- Quais de seus hábitos fossilizados necessitam de mudança?
- Você vê evidências de paternalismo em sua família, escola ou local de trabalho, onde as pessoas microgerenciam outras e as deixam impotentes?
- Comportamentos como humilhação, assédio ou intimidação se tornaram rotineiros em sua família, escola ou local de trabalho?

ESTÁGIO 1
Segurança da Inclusão

Nossa capacidade de alcançar a unidade na diversidade será a beleza e o teste de nossa civilização.

— Mahatma Gandhi

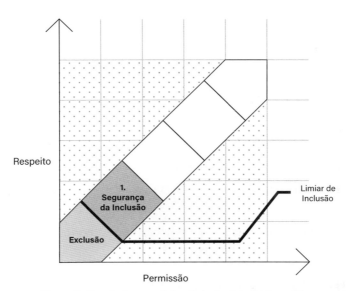

Figura 5. Seguindo o caminho da inclusão e da inovação

Os 4 Estágios da Segurança Psicológica

A diversidade é um fato. A inclusão é uma escolha.
Mas não qualquer escolha.

Conceito-chave: A escolha de incluir outro ser humano ativa nossa humanidade.

Como o primeiro estágio da segurança psicológica, a segurança da inclusão é, em seu sentido mais puro, nada mais do que a aceitação baseada na espécie (veja figura 5 na página anterior). Se você tem carne e sangue, nós o aceitamos. Profundamente simples no conceito, diabolicamente difícil na prática, aprendemos isso no jardim de infância, e desaprendemos mais tarde. Apenas 36% dos profissionais de negócios hoje acreditam que suas empresas promovem uma cultura inclusiva.[1]

Lembro-me de conversar com meu filho, Ben, após seu primeiro dia no jardim de infância:

"Você gostou do seu primeiro dia na escola, Ben?", perguntei.

"Foi divertido, pai."

"Você está animado para ir para a escola amanhã?"

"Sim, estou animado."

"A mamãe vai te levar para a escola de novo amanhã?"

"Não, eu vou andando."

"Você tem alguém para caminhar contigo?"

"Não, pai, vou andando sozinho, mas se alguém quiser andar comigo, tudo bem."

Eu nunca vou esquecer essa conversa carinhosa. É um reflexo da natureza incorrupta e inclusiva das crianças.

Conceito-chave: Somos naturalmente inclusivos na infância e excluímos de forma não natural na idade adulta.

A partir de nossas falhas e inseguranças, modelamos e reforçamos a exclusão aos que nos cercam. Mas não precisa ser assim. Depois de viver com os na-

Estágio 1: Segurança da Inclusão

vajos por alguns anos, minha família se mudou para Los Angeles e finalmente se estabeleceu em um bairro de classe média na área da baía de São Francisco. Lembro-me de me sentir perdido e sem raízes quando menino. Entediado, solitário e lutando contra um pouco de ressentimento, sentei-me na varanda um dia quando um garoto do bairro apareceu em sua bicicleta. Ele se aproximou e, sem qualquer hesitação, anunciou: "Oi, eu sou Kenny". Em pouco tempo, estávamos andando de bicicleta juntos, comendo quincã e pegando lagartos-jacarés. O jovem que fez amizade comigo e estendeu a segurança da inclusão com tanta confiança aos 10 anos agora é o pastor Kenny Luck, da Igreja Camelback em Lake Forest, Califórnia.

Nem todo mundo nasce com a confiança e o senso de preocupação de Kenny, mas a decisão básica de incluir ou excluir não é uma questão de habilidade ou personalidade, embora essas coisas possam melhorar sua capacidade de inclusão. É mais sobre intenção do que técnica. Trata-se de algo que não se pode legislar, regular, treinar, medir ou produzir artificialmente. É algo que não responde a essas forças. É um ato de vontade que flui do império do coração. Se não há segurança psicológica, não há inclusão.

Conceito-chave: Incluir outro ser humano deve ser um ato de prejulgamento com base no valor dessa pessoa, não um ato de julgamento com base em seu mérito.

Nossos filhos memorizaram passagens de "Eu Tenho um Sonho" de Martin Luther King Jr. na escola. Ainda posso ouvi-los recitar a frase: "Aguardo o dia em que as pessoas não serão julgadas pela cor de sua pele, mas pelo conteúdo de seu caráter." O teólogo Reinhold Niebuhr fez uma observação semelhante quando disse: "Somos aconselhados nas Escrituras a julgar os homens por seus frutos, não por suas raízes".[2]

Antes de julgarmos os outros como menos elevados, observe o que o Reverendo King e o Pastor Niebuhr estão falando sobre dignidade de caráter. Meu ponto é que o valor vem primeiro, o mérito vem depois. A segurança da inclusão não tem a ver com mérito. É sobre tratar as pessoas como pessoas. É o ato de estender companheirismo, integração, associação e conexão — independente de posição, status, gênero, raça, aparência, inteligência, educação, crenças, valores, política, hábitos, tradições, idioma, costumes, história ou qualquer outra definição característica. A inclusão marca a passagem para a civilização. Se não pudermos fazer isso como ponto de partida, não estaremos sendo fiéis ao que Lincoln chamou de "os melhores anjos de nossa natureza". Recusar a segurança da inclusão é um sinal de que estamos engajados em uma luta contra nossa própria cegueira deliberada. Estamos nos automedicando com histórias encantadoras sobre nossa distinção e superioridade. Se for um caso leve de esnobismo, isso pode ser fácil de descartar. Mas se for um caso mais grave de supremacia narcisista, é um problema maior. E ainda há todos os espectros entre esses extremos.

Em nossas unidades sociais, devemos criar um ambiente de inclusão antes de começarmos a pensar em julgamentos. O valor precede o mérito. Há um tempo e um lugar para julgar o mérito, mas quando você permite que alguém cruze o limiar da inclusão, não há teste decisivo. Nós não estamos pesando seu caráter na balança para ver se você está em falta. Ser merecedor de inclusão não tem nada a ver com sua personalidade, virtudes ou habilidades; nada a ver com seu gênero, raça, etnia, educação ou qualquer outra variável demográfica que o defina. Não há, neste nível, nenhuma desqualificação, exceto uma — a ameaça de dano.

O único requisito de reciprocidade neste contrato social não escrito é a troca mútua de respeito e a permissão para o pertencimento. Essa troca é inexequível por lei. É claro que existem leis contra a discriminação, mas ainda assim podemos perseguir informalmente uns aos outros de mil maneiras.

Deixe-me dar um exemplo de teste A/B para segurança da inclusão. Eu tenho dois carros. Um é velho e enferrujado, tem 506 mil quilômetros no hodômetro e um valor de revenda de US$375. O outro é um sedã esportivo preto. Quando levo meu sedã para a oficina, o atendente é altamente receptivo. Quando apareço com minha bacia de ferrugem, o atendente acaba sendo levemente desdenhoso. Em ambos os casos, o carro é o principal indicador do meu status social, e as pessoas concedem ou negam a segurança da inclusão com base no meu carro, um mero artefato que me transporta. Há dias em que sou educadamente ignorado, há dias em que sou atendido de forma solícita. As pessoas são sensíveis a esses indicadores, uma vez que lutamos por status assim como os macacos por nozes.

Estágio 1: Segurança da Inclusão

Questões-chave: Você trata as pessoas que considera de status inferior de forma diferente daquelas de status mais elevado? Se sim, por quê?

O que deve ser necessário para que tenhamos direito à segurança da inclusão? Duas coisas: ser humano e ser inofensivo. Se você atender a ambos os critérios, está qualificado. Se atender a apenas um deles, não está. O grande abolicionista afro-americano Frederick Douglass fez a declaração definitiva sobre a segurança da inclusão quando disse: "Não conheço nenhum direito de raça superior aos direitos da humanidade." Essa afirmação pode ser aplicada a qualquer característica. Quando estendemos a segurança da inclusão uns aos outros, subordinamos nossas diferenças para invocar uma característica vinculante mais importante — nossa humanidade.

A tabela 1 define o respeito e a permissão na primeira etapa da segurança psicológica. A definição de *respeito* neste estágio é simplesmente respeito pela humanidade do indivíduo. *Permissão* neste estágio é a permissão que você dá ao outro para entrar em sua sociedade pessoal e interagir com você como um ser humano. Finalmente, a troca social é aquela em que trocamos inclusão por status humano, desde que não ameacemos causar danos uns aos outros.

Tabela 1 **Estágio 1 Segurança da inclusão**

Estágio	Definição de Respeito	Definição de Permissão	Troca Social
1. Segurança da inclusão	Respeito pela humanidade do indivíduo	Permissão para o indivíduo entrar em sua sociedade pessoal	Inclusão em troca de status humano e ausência de dano

Apesar de sabermos que devemos estender a segurança da inclusão a todos, nos tornamos muito habilidosos em segregar os outros e patrulhar as fronteiras para que não retornem. Nós fragmentamos, segmentamos e estratificamos a família humana. Às vezes, estendemos a segurança da inclusão de forma parcial ou condicional. Às vezes, a revogamos ou a rejeitamos.

Os 4 Estágios da Segurança Psicológica

Conceito-chave: Em vez de conceder segurança da inclusão com base no status humano, tendemos a julgar o valor de outra pessoa com base em indicadores como aparência, status social ou bens materiais, quando esses indicadores não têm nada a ver com valor.

Kimchi e Nossa Humanidade Comum

Quando estava na pós-graduação, tive a oportunidade de fazer pesquisa na Universidade Nacional de Seul, na Coreia do Sul, como bolsista Fulbright. A universidade me ofereceu um lugar em seu Centro de Pesquisa em Ciências Sociais. No dia em que cheguei, o professor Ahn Chung Si me cumprimentou calorosamente e me levou pelo centro para conhecer a equipe e outros pesquisadores. Minha apreensão inicial foi substituída por uma sensação de inclusão quando dois estudantes de pós-graduação sul-coreanos me convidaram para almoçar. Eu era o diferente, o estranho, o alienígena, aquele que não se encaixava. Mas eu não fui excluído. Segurando minha tigela de sopa de bolinho de arroz, me sentei à mesa do refeitório e logo estava cumprimentando outros alunos e professores. Com alguma hesitação, um estudante sentado ao meu lado me entregou uma tigela de kimchi. Esse foi o início de uma experiência extraordinária com segurança da inclusão.

É verdade que eu era uma novidade, mas me apresso a dizer que a segurança da inclusão não se resume à expressão de hospitalidade. Você pode apenas ser uma pessoa educada, e não inclusiva de fato. Esse tipo de atuação superficial é uma maneira dissimulada de obedecer às regras comuns de decência e decoro. Mas esses alunos não foram apenas gentis e prestativos no meu primeiro dia, o que é fácil de fazer. Eles também foram gentis e prestativos no meu trigésimo dia e no meu sexagésimo dia, e assim por diante. Eu claramente não pertencia ao seu grupo social e extrapolei o período em que se sentiam obrigados a me conceder o tratamento padrão, obrigatório e respeitoso. Mas depois de semanas e semanas de longos dias no centro, eles nunca revogaram a segurança da inclusão que estenderam pela primeira vez. Era algo real.

Questões-chave: No arco de cada vida há momentos em que a segurança da inclusão faz toda a diferença, quando alguém estende a mão para

Estágio 1: Segurança da Inclusão

o incluir em um momento vulnerável. Quando isso aconteceu com você? Que impacto teve na sua vida? Você está levando isso adiante?

Vamos colocar isso em um contexto histórico. A Coreia do Sul é considerada a sociedade mais neoconfucionista do mundo, historicamente adotando hierarquias de status, desigualdade e discriminação inerente como valores. Os direitos humanos têm uma história curta, mas nos últimos anos foram reconhecidos como uma questão de conveniência política, não por meio de algum senso religioso ou filosófico de lei natural, inalienabilidade ou direito investido por Deus. Nessa sociedade, os direitos são mais instrumentais do que morais, mais negociáveis do que invioláveis, mais legislados do que garantidos ou absolutos. O confucionismo carece de fundamentos racionais, legais ou morais para inclusão, mas enfatiza lealdade, devoção, dedicação e obediência à autoridade na promoção da harmonia e estabilidade do grupo.

O que tudo isso significa? Significa que sou um forasteiro. Não há lugar natural para mim na sociedade ou hierarquia sul-coreana. E, no entanto, meus amigos sul-coreanos me incluíram de uma maneira que substituiu sua tradição neoconfucionista. Eles suspenderam os termos convencionais de engajamento, dando precedência a um princípio superior de humanidade. Em vez de focar as diferenças, eles enfatizavam o companheirismo comum.[3] Agora eu era sul-coreano? Eles me concederam plena adesão social e cultural? Não. Eles estenderam a segurança da inclusão, mas com base em quê? Era religioso, étnico, socioeconômico, geográfico, cultural, político, legal? Nenhuma delas. Baseava-se em uma conexão humana primordial e sublime que superou nosso separatismo e adentrou no pertencimento a uma família universal.

Questão-chave: Para criar segurança da inclusão, entender as diferenças culturais facilita as coisas, mas você não precisa ser um especialista nessas diferenças, apenas ser sensível e apreciá-las. Como você reconhece e mostra sensibilidade e apreço pelas diferenças culturais que existem em sua equipe?

Fortalecendo o Conceito de Igualdade

O filósofo John Rawls nos lembra desta verdade fundamental: "As instituições são justas quando não são feitas distinções arbitrárias entre as pessoas na atribuição de direitos e deveres básicos"[5] Excluir um indivíduo de uma unidade social com base em vieses conscientes ou subconscientes é exatamente isso, uma distinção arbitrária. E isso deve ser eliminado, como diz Rawls, para "construir um sistema duradouro de cooperação mútua".[6]

Sempre haverá diferenças, mas não deve haver barreiras. Sempre haverá maiorias e minorias, mas nunca devemos tentar desenraizar uns aos outros até nos fundirmos em um lote homogêneo. Nossas diferenças nos definem.

Alguns contestariam alegando que não nos conhecemos. Então, como podemos aceitar, incluir, tolerar e nos conectar com estranhos? E, de fato, pesquisas mostram que os principais impulsionadores da segurança psicológica incluem a familiaridade entre os membros da equipe e a qualidade desses relacionamentos com base em interações anteriores.[7] Ampliar a segurança da inclusão não é o mesmo que estender sentimentos de afeto maduros e desenvolvidos. Seus sentimentos podem ser pautados apenas em expectativas e presunções, mas mesmo assim podem ser reais. Os argumentos xenófobos nascem da ignorância, do medo, do ciúme ou de um desejo desonesto por superioridade.

Conceito-chave: Deus pode ter nos feito de barros diferentes, mas não há motivos para dizer que o seu barro é melhor que o meu.

A segurança da inclusão não é uma conquista, e sim um direito. Todo ser humano tem direito inegociável a ela. Na verdade, não podemos sustentar a civilização sem isso.[8] Desejamos e merecemos dignidade e estima uns dos outros e inevitavelmente praticamos a moralidade quando estendemos ou negamos a segurança da inclusão. Se não houver ameaça de dano, devemos concedê-la aos outros sem um julgamento de valor. Como princípio básico da sociedade humana, a segurança da inclusão oferece a garantia reconfortante de que você é importante. Se você é um líder e quer que seu pessoal tenha um bom desempenho, deve internalizar a verdade universal de que as pessoas querem, precisam e merecem validação. A segurança da inclusão exige que condenemos o preconceito negativo, a distinção arbitrária ou o preconceito destrutivo que se recusa a reconhecer nossa equivalência e a obrigação de nos tratarmos com igualdade.

Estágio 1: Segurança da Inclusão

Se todos merecem inclusão, se todos temos direito ao companheirismo e à conexão, se temos direito a interações civilizadas e respeitosas, se a reciprocidade de cortesia nos define como espécie — temos a obrigação de eliminar o nativismo e o etnocentrismo. Nações, comunidades e organizações não são os únicos infratores.[9] Vemos a alienação dentro das famílias, à medida que os indivíduos evitam, banem e relegam uns aos outros a um status subordinado. Vemos pais e filhos que negligenciam ou prejudicam uns aos outros. Mas também há os gloriosos triunfos de quando acertamos, quando estendemos a mão da comunhão e somos abençoados naquele momento com o cumprimento da conexão humana real.

Concedendo, Recusando, e Revogando a Segurança da Inclusão

Depois de me formar no ensino médio, consegui uma bolsa de estudos para jogar futebol americano da Primeira Divisão na Universidade Brigham Young. Chegando ao campus com um mês de antecedência para começar o acampamento de treinamento de verão, todos os jogadores calouros foram designados a morar no mesmo dormitório perto das instalações de treino. Ali estava um grupo de jovens étnica e culturalmente diversos sendo colocados em um ambiente altamente estruturado, um campo de treinamento paramilitar, caracterizado por uma imersão súbita e completa.

Abrimos mão de nossa liberdade e espaço pessoais e, a partir daquele momento, comeríamos, dormiríamos, tomaríamos banho e suaríamos juntos. A maquinaria do regime do futebol americano ditava todos os aspectos de nossas vidas diárias. Meus companheiros de equipe representavam três grupos raciais primários — negros, brancos e polinésios. Mas isso não era nada novo. Apesar de termos vindo de todas as partes do país, nossa composição racial era familiar para a maioria de nós. Tínhamos sido profundamente socializados na subcultura etnicamente diversa do futebol americano e entendíamos suas normas e meritocracia.

A tarefa era formar uma nova sociedade que se organizasse segundo princípios darwinianos e comunitários. Um time de futebol compete com outros times, mas seus jogadores competem entre si. Enquanto a rivalidade externa era institucional, a rivalidade interna era pessoal. Você poderia acabar competindo

Os 4 Estágios da Segurança Psicológica

com o cara dormindo na cama ao seu lado. Praticamos um jogo finito e de soma zero. A introdução do elemento de competição muda a dinâmica de uma sociedade e os termos de engajamento para conceder ou impedir a segurança da inclusão. As normas vigentes eram ao mesmo tempo colegiais e contraditórias, e essa dualidade se manteve ao longo da experiência. Seu companheiro de equipe poderia ser tanto seu amigo quanto seu inimigo.

A natureza do ambiente esportivo de equipe acelera o desenvolvimento da familiaridade, que é extremamente importante na formação da segurança psicológica. Como atesta a pesquisa sociométrica do Laboratório de Dinâmica Humana do MIT, quanto mais rápido e profundo se conhecem, mais efetivamente vocês podem trabalhar em conjunto.[10] Mais contato e contexto tendem a criar mais empatia.

No primeiro dia, nos conectamos lentamente, sabendo que começaríamos a praticar e competir no dia seguinte. Essa realidade fez as forças colegiais e adversárias colidirem. Como resultado, nossas saudações iniciais foram calorosas com outros jogadores que não jogavam nas mesmas posições que as nossas e frias com aqueles que jogavam. Todos os jogadores chegavam cheios de honras e reconhecimento, então fanfarronice e bravata eram sinais de insegurança e um sinal claro de que um jogador não era tão bom quanto anunciado.

Uma vez que se trata de um esporte sangrento moderno, você não pode continuar uma carreira retórica por muito tempo. O desempenho fala mais alto. O futebol era a nossa aspiração comum, mas a competição interna era um elemento de divisão. Fomos formalmente admitidos como membros da equipe, mas estender a segurança da inclusão uns aos outros era uma questão individual. Ironicamente, admitimos ou recusamos admitir uns aos outros no ato de nos juntarmos à sociedade.

Em vez de nos fundirmos em um grupo coeso, nos dividimos em grupos menores baseados em raça ou geografia. E então, é claro, havia os atacantes ofensivos, que se uniram a uma fraternidade única de grandalhões sensíveis e fecharam os portões atrás deles. Eu, por outro lado, jogava na defesa, onde esse tipo de vínculo violaria nossa subcultura de gladiadores. Depois de uma semana do que Edgar Schein do MIT chamaria de "interação espontânea", era possível ver as normas começando a se formar.[11] Mas uma semana depois, os veteranos chegaram e nossa sociedade orgânica foi engolida por um sistema maior.

Estágio 1: Segurança da Inclusão

Quando você se junta a uma organização existente, como foi meu caso com o time de futebol americano, herda um legado cultural baseado em normas perpetuadas. A menos que esteja formando um novo coletivo social, você não começa do zero. No nosso caso, nós calouros começamos do zero e erigimos uma sociedade temporária que foi então desmantelada abruptamente. Quando o resto da equipe chegou, foi como se a nave-mãe tivesse pousado com sua carga de artefatos, hábitos, costumes e distribuição de poder. Aí veio a ortodoxia inflexível e o jeito de fazer as coisas, tudo modelado e reforçado pela comissão técnica. Regra de pontualidade? Aplicada. Regra do código de vestimenta? Não aplicada. Regra de respeito? Aplicada. Regra contra palavrões? Não aplicada. E assim por diante. À medida que entramos na temporada regular, a segurança da inclusão emergiu gradualmente. As rivalidades internas se resolveram e nós nos unimos.

Então veio a lição de segurança que levarei para a vida: no meio da temporada, sofri uma lesão grave. Quando recebi o diagnóstico de que eu havia machucado gravemente meu tornozelo e precisava de cirurgia, experimentei uma mudança repentina e drástica de status. Meu treinador de posição revogou a segurança da inclusão por meio de uma campanha silenciosa de negligência. Eu estava lesionado e, portanto, incapaz de contribuir para o time. Para ele, eu agora era invisível. Ele havia estendido a segurança da inclusão condicional para mim, não com base no meu valor como ser humano, mas sim no meu valor como jogador. No momento em que me machuquei e não era mais útil para a equipe, ele revogou seu companheirismo por meio de uma indiferença sutil e inconfundível. Essa indiferença doeu. Como aprendi rapidamente, a segurança da inclusão, uma vez construída, é frágil, delicada e impermanente.

> **Conceito-chave:** Em qualquer unidade social, a segurança da inclusão pode ser concedida, retida, revogada ou concedida parcial ou condicionalmente.

Acalmando-nos
com Teorias Inúteis de Superioridade

As teorias têm consequências. Com demasiada frequência, conduzimos nossas sociedades com base em teorias intelectualmente impuras. Seja qual for a so-

Os 4 Estágios da Segurança Psicológica

ciedade em que você vive, a história nos mostrou que quase todas as sociedades se originaram de fanatismo, discriminação, conquista, servidão e exploração. Governos e governantes passaram grande parte de seu tempo inventando teorias de superioridade para justificar seu controle do poder. Para torná-los respeitáveis e dar-lhes a ilusão de moralidade, eles transformam privilégio e poder em ideologia política.[12] Fazemos o mesmo no nível pessoal, ao cultivarmos um senso de superioridade e ao nos concedermos um status elevado.

Conceito-chave: Gostamos de contar histórias reconfortantes a nós mesmos para justificar nosso senso de superioridade.

As teorias da superioridade são tentativas de mostrar como, nas palavras de George Orwell: "Todos os animais são iguais, mas alguns animais são mais iguais que outros". Lembro-me de ler *Minha Luta* de Hitler quando estudante. Tive que conter minha repulsa, mas continuei lendo porque fiquei fascinado que esse trabalho inteligente de grandiosidade baseada na eugenia tenha influenciado tantas pessoas. É sedutor quando alguém lhe diz que você é melhor do que todos os outros, que você foi tratado injustamente e merece mais do que isso.

É a mesma tese superficial que encontramos em todas as teorias de superioridade e determinismo biológico, e em todas as tentativas de imperialismo intelectual. Começa com uma falsa alegação de superioridade, ou eleição, de alguma forma, e depois passa para um apelo à ação: você é a minoria, está em perigo e precisa se rebelar e se defender. Infelizmente, vertentes absurdas do darwinismo social sempre foram eficazes quando apresentadas com urgência e erudição. As pessoas caem nessa. E realmente não importa qual teoria de superioridade você leia; são todas meditações hipócritas, banhadas em jingoísmo, apoiadas nas mesmas tentativas veladas de preservar a vassalagem do passado.

Questão-chave: Você se sente superior às outras pessoas? Se sim, por quê?

Por mais chocante que possa parecer, as teorias de superioridade dominaram as sociedades humanas por milênios. Como um dos primeiros teóricos do poder, Aristóteles declarou: "Está claro que alguns homens são, por natureza, livres e outros, por natureza, escravos, e que para estes a escravidão é tanto

Estágio 1: Segurança da Inclusão

conveniente quanto correta."[13] Temos bibliotecas cheias de teorias de superioridade porque temos um desejo irreprimível de ser apenas um pouco mais especial do que o outro. John Adams escreveu: "Acredito que não há um princípio que predomine tanto na natureza humana em todas as fases da vida, do berço ao túmulo, em homens e mulheres, velhos e jovens, negros e brancos, ricos e pobres, altos e baixos, como esta paixão pela superioridade."[14]

Levando a história em consideração, como podemos nos justificar com a premissa de que a natureza humana é cheia de paradoxos, contradições e complexidades? É perigoso e incorreto descartar as tradições dos direitos naturais como apenas uma das muitas tradições de propaganda. Quantas vezes vestimos a vaidade como filosofia moral? Quantas vezes disfarçamos o elitismo como se fosse a ordem naturalmente estratificada do céu?

Felizmente, muitas pessoas não concordam com essas pretensões. Mas muitas outras sim. Em nossa sociedade moderna, há muito repudiamos as grandes teorias da aristocracia de linhagem, mas continuamos a criar, nutrir e perpetuar versões informais que fazem a mesma coisa. Isso ocorre na forma de estereótipo, ressentimento, tendência e preconceito, e permanecem em nossos valores, suposições e comportamento.

Quando comecei meu trabalho como gerente de fábrica na Geneva Steel, conduzi uma série de visitas pela fábrica. Viajei de instalação em instalação, realizando reuniões na prefeitura, cumprimentando os gerentes e trabalhadores de produção e manutenção. Comecei no forno industrial e depois passei para os altos-fornos, siderurgia, fundição, laminação, unidades de acabamento, expedição e transporte e manutenção central.

No forno industrial, dois trabalhadores da produção me encurralaram. Eles removeram seus capacetes e óculos de segurança, revelando rostos cobertos de suor e fuligem. "Senhor Clark", disseram respeitosamente, "obrigado por vir visitar nosso departamento. Sabemos que é novo em sua posição como gerente de fábrica. Sabemos que visitará todos os departamentos, mas apenas queríamos que soubesse que nosso departamento é um pouco diferente dos outros. Nosso departamento é um pouco mais complicado que os outros, e requer um pouco mais de expertise para fazer o que fazemos. Se não estivéssemos aqui, a fábrica fecharia amanhã." Eles provaram seus pontos e declararam sua reivindicação. Eu educadamente respondi: "Obrigado por compartilhar isso comigo. Agradeço seu feedback."

Os 4 Estágios da Segurança Psicológica

Essa cena se repetiu em todos os departamentos. Os rostos eram diferentes, mas o roteiro era o mesmo. Após minha turnê de uma semana, fui iluminado com a revelação de que cada departamento era um pouco mais importante que os outros, ocupado por uma classe especial de pessoas, fazendo o que ninguém mais poderia fazer. Todos eles gentilmente menosprezaram seus irmãos e irmãs para se distinguirem. Suponho que todos nós já fizemos, ou fomos tentados a fazer, uma reivindicação semelhante, na qual somos vítimas da grande ilusão de superioridade.

Questões-chave: O princípio moral da inclusão é uma verdade conveniente ou inconveniente para você?

A Elite e a Plebe

A Constituição dos EUA ilumina o mundo com uma declaração inequívoca de direitos humanos, mas levou gerações para encontrar coragem para desfazer a discriminação legalizada e desmantelar o edifício da falsa superioridade. Em 1776, Abigail Adams escreveu a seu marido, John: "Desejo que você *se lembre das mulheres*. Não nos conformaremos a nenhuma *lei* em que não tenhamos voz ou *representação*." Dois anos depois, as colônias norte-americanas originais ratificaram a Constituição dos EUA. Embora o documento tenha sido a primeira carta do governo que reconheceu a igualdade de todos os seres humanos, este abriu exceções e violou os ideais que defendia, permitindo a escravidão, considerando os escravos como iguais a três quintos de um humano "normal" e, não menos importante, retendo o direito de voto das mulheres. As mulheres também não podiam possuir propriedades, ficar com os próprios salários ou, em alguns estados, até mesmo escolher seus próprios maridos. A Constituição dos EUA decretou a inclusão, mas muitas vezes praticamos a exclusão. Ainda levaria muitas gerações para internalizar os valores adotados porque as teorias de superioridade estavam profundamente arraigadas na psique norte-americana, assim como em todas as nações.[15] Considere os seguintes atos oficiais de exclusão:

- O Congresso aprovou a Lei de Naturalização de 1790, declarando que apenas os brancos poderiam se tornar cidadãos da nação.

Estágio 1: Segurança da Inclusão

- O Congresso aprovou a Lei de Remoção de Índios de 1830 para expulsar os indígenas norte-americanos de suas terras.

- Lincoln emitiu a Proclamação de Emancipação em 1863, mas os estados aprovaram as leis de Jim Crow para impor a discriminação, e a Suprema Corte continuou com sua doutrina legal "separados, mas iguais".

- Em 1882, o Congresso aprovou a Lei de Exclusão Chinesa, impedindo a imigração chinesa.

- Em 1910, 1,6 milhão de crianças de 10 a 15 anos trabalhavam em fábricas. A Lei de Padrões Justos de Trabalho só proibiu o trabalho infantil em 1938.

- As mulheres não conquistaram o direito de votar até a Décima Nona Emenda em 1920 ter sido aprovada.

- Em 1942, o presidente Franklin D. Roosevelt autorizou a evacuação e o encarceramento de 127 mil nipo-americanos da Costa Oeste para campos de internamento.

- Os trabalhadores hispano-americanos não ganharam o direito de se sindicalizar até a década de 1950.

- Em última análise, não eliminamos o preconceito deliberado e sistemático de nossas leis de imigração até a Lei de Imigração de 1965.

Mas e a nossa cultura? Continuamos a lutar para corrigir a desigualdade e abandonar noções de supremacia masculinistas e anglo-saxônicas. Como minha filha adolescente costuma perguntar: "Pai, por que a igualdade salarial de gênero ainda é algo relevante?"

Expurgamos a maioria de nossas políticas de discriminação, mas nossos corações mudaram? Tornamo-nos uma sociedade mais inclusiva? Um estudo recente da EY relata que menos da metade dos funcionários confia em seus chefes e empregadores.[16] Onde não há confiança, há exclusão. Esse número é preocupante porque sabemos que a confiança é o que nos une.[17] Se a familiaridade baseada na frequência de interação tem essa incrível capacidade de eliminar o preconceito e a desconfiança, por que a confiança é tão baixa?

Essa é a dicotomia "sociedade versus comunidade".[18] Esperaríamos ver uma comunidade confiante dentro de uma sociedade mais desconfiada. Deve haver proporcionalmente mais confiança à medida que nos movemos para

Os 4 Estágios da Segurança Psicológica

unidades sociais menores. As organizações devem ter mais confiança do que os governos. As equipes devem ter mais do que as organizações. As famílias devem ter mais do que as equipes, e os casamentos devem ter mais ainda. Deveria haver mais boa-fé e custos de transação mais baixos em nossas interações à medida que passamos do macro para o micro.[19] Se isso for verdade, e eu acho que é, não chegaremos a lugar algum até que concedamos segurança da inclusão de maneira mútua.

O que está nos atrapalhando? A psicóloga Carol Dweck disse: "Seus fracassos e infortúnios não ameaçam outras pessoas. São seus ativos e seus sucessos que são problemas para as pessoas que derivam sua autoestima de serem superiores."[20] A ironia é que por causa de nossa insegurança nos recusamos a validar um ao outro, que é exatamente o que cura a insegurança. Essa necessidade não satisfeita se expressa em ciúme, ressentimento e desprezo. Enquanto isso, a sociedade está transbordando de incivilidade, e o ódio se tornou uma indústria em crescimento.

> **Conceito-chave:** A exclusão de uma pessoa é mais frequentemente o resultado de necessidades e inseguranças pessoais não atendidas do que uma aversão genuína pela pessoa.

Quantas vezes você desconfiou ou criticou alguém que não conhecia de verdade e, quando conheceu essa pessoa, toda a sua atitude mudou? As diferenças tendem a nos repelir inicialmente, mas quando suspendemos o julgamento, podemos superá-las. Quando eu estava na faculdade, tive uma aula com um professor com opiniões radicais e me preparei para o combate. Fui para a aula e aprendi que esse cavalheiro tinha opiniões muito diferentes das minhas, mas desenvolvemos uma amizade maravilhosa como Ruth Bader Ginsburg e Antonin Scalia. Tivemos debates incríveis, mas mantivemos um profundo respeito um pelo outro. Se não nos vigiarmos, existem mil maneiras de rejeitar a segurança da inclusão. E se nos desumanizamos, nos damos permissão para odiar e prejudicar uns aos outros.

Certa vez, trabalhei com uma equipe executiva cujos membros haviam negado a segurança da inclusão uns dos outros. Eles eram representantes jurídicos de uma corporação, mas haviam revogado seus passaportes culturais mútuos. A equipe era disfuncional. Eles ameaçavam e feriam uns aos outros verbalmen-

Estágio 1: Segurança da Inclusão

te e mal conseguiam ficar na mesma sala. Em minha entrevista com um deles, foi dito: "Não precisamos gostar um do outro; nós apenas temos que trabalhar juntos, então eu acho que isso realmente não importa. Meu foco é o trabalho. Eu não me importo muito com os relacionamentos, de qualquer maneira."

Trabalhei com outro líder que afirmava o seu controle por meio de um padrão arbitrário de dar e revogar a segurança da inclusão. Você estava nas boas graças dele um dia, e no outro não, era respeitado e depois negligenciado, ouvido e depois ignorado, bajulado e depois esquecido, treinado e depois coagido, curado e depois ferido. Vamos deixar claro: jogos mentais são uma forma de abuso em que um humano brinca com outro. Esse padrão de interação é a máxima da covardia moral.

A Família como um Espaço de Confiança Consolidada

A palavra *aceitar* significa consentir em receber. A palavra *inclusão* significa ter o status de associação ou conexão a um grupo. Agora pense nessas duas palavras no que se refere à unidade familiar. A relação entre marido e mulher é baseada no consentimento para receber o outro. A unidade familiar que é criada a partir dessa união é uma nova entidade da qual ambos são partes. Se um dos cônjuges nega a adesão ao outro, a unidade social não funciona. O vínculo legal que os une pode estar intacto, mas a realidade de sua união evaporou.

A interdependência da relação matrimonial é mais fundamental do que em qualquer outro coletivo social. É frágil e, no entanto, projetada para ser o reino de uma confiança mais consolidada. A qualquer momento, uma parte pode revogar a segurança da inclusão da outra. O respeito e a permissão de participação que cada um dá ao outro é a própria base de sua interdependência, seu sucesso e sua felicidade. Essa segurança da inclusão é dinâmica e perecível. Isso deve ser reabastecido todos os dias. Particularmente no casamento, o respeito deve ser traduzido em atos de bondade, serviço e sacrifício. Sem um investimento consistente em gestos de respeito, o relacionamento murchará por negligência. Mas em uma parceria coigual, na qual ambos os cônjuges participam e permitem ao outro níveis iguais de poder e direitos de participação, o relacionamento provavelmente produzirá altos níveis de segurança da inclusão duradoura e uma experiência profundamente gratificante para ambos.

A relação entre pais e filhos é um pouco diferente. As crianças começam a vida em um estágio de dependência e, esperançosamente, passam para um estágio de interdependência à medida que aprendem e crescem. Um estágio de pura independência é, obviamente, uma ficção. No processo de desenvolvimento, a interseção entre amor e responsabilidade é muito importante. Os pais não devem tolerar o mau comportamento, mas também não devem condenar os filhos por isso. A criança é muito mais capaz de aprender direitos e responsabilidades em um ambiente estimulante de segurança da inclusão duradoura. É sobre a combinação indescritível de amor e responsabilidade que tantos de nós tropeçamos. Eu tropecei muitas vezes, mas muitas vezes, para desgosto de meus filhos, aprendi a dizer: "Eu te amo e vou responsabilizá-lo" na mesma frase, e não é da boca para fora.

Questões-chave: A unidade social básica da família é o laboratório primário para obter uma verdadeira educação cívica sobre segurança da inclusão. Você aprendeu isso em sua família? Se não, você pretende ser uma figura transformadora em sua família e modelo de segurança da inclusão para a próxima geração?

Internalize Suas Ações

E se você não conseguir encontrar a convicção de incluir alguém? E se você tiver um viés ou preconceito profundamente arraigado que não pode desalojar do seu coração? Como você supera isso? Onde encontramos, para usar a frase de Kafka, "o machado para o mar congelado dentro de nós"?[21] Uma coisa que não funciona muito bem é sentar e esperar que seu coração mude.

Não há uma pessoa viva sem pelo menos alguns traços de viés negativo contra alguma característica humana. Mas alguns de nós são mais censuráveis do que outros. Precisamos ser honestos sobre a aquisição de vieses e preconceitos e trabalhar duro para removê-los. Não podemos fazer escolhas sobre a diversidade. Ela existe e ponto. É nosso trabalho abraçá-la.

Questões-chave: Que preconceito consciente você tem? Pergunte a um amigo de confiança em que situações você pode ter um viés inconsciente. Por fim, em que situações você exerce formas brandas de exclusão para manter barreiras?

Estágio 1: Segurança da Inclusão

Aprenda a se amar primeiro. Pessoas com baixa autoestima têm dificuldade em serem inclusivas. Qualquer que seja o seu nível de autoestima, isso se reflete em seu comportamento interpessoal. Como observa Nathaniel Branden: "As pesquisas mostram que um senso bem desenvolvido de valor pessoal e autonomia correlaciona-se significativamente com bondade, generosidade, cooperação social e um espírito de ajuda mútua."[22] A melhor e mais rápida maneira de desenvolver a autoestima é desenvolver sua própria capacidade e confiança e realizar atos de serviço para os outros, especialmente para aqueles que você luta para incluir.

Pense nas abordagens tradicionais que a maioria das organizações adota para a diversidade e a inclusão. Muitas organizações deram grandes passos para criar diversidade, mas ainda não são inclusivas. Outras conseguem uma representação simbólica de toda a gama de diferenças humanas e se felicitam como se tivessem uma cultura inclusiva. Outras ainda treinam os funcionários para serem inclusivos, ensinando-lhes consciência, compreensão e apreciação pelas diferenças. Isso é bom, mas é superficial.[23] Quando nos sentimos ameaçados, ficamos na defensiva, nos aconselhamos com nossos medos e voltamos aos nossos padrões de preconceito aprendido. A melhor maneira é dar às pessoas oportunidades de praticar a inclusão. Faça um experimento criando equipes diversas e atribuindo indivíduos a variados relacionamentos de orientação ou coaching entre pares.

Conceito-chave: Você aprende a inclusão quando pratica a inclusão. Internalize suas ações.

O apelo à ação é simples: afirme o valor individual de outros seres humanos.[24] Quero dizer fingir até você acreditar? Alugar sua gentileza? Fingir? Usar a máscara de uma pessoa inclusiva? Não, quero dizer esforço sério com intenção real.

Conceito-chave: À medida que você ama as pessoas com ação, você passa a amá-las com emoção.

O sentimento de amor é a recompensa da ação do amor. Na verdade, se deixamos de servir aos outros, nossos relacionamentos permanecem superficiais e até suspeitos, até diminuirmos a distância. Nessa proximidade, em viver,

Os 4 Estágios da Segurança Psicológica

trabalhar, comer e respirar juntos, finalmente surgem a consideração e o afeto. Se você não se sente da maneira que deseja sentir, ou sabe que deveria se sentir, em relação a um indivíduo ou grupo, a passagem do tempo não mudará isso, mas suas ações, sim. Aja de acordo com a emoção do amor.

Eu vivi e trabalhei com pessoas de todas as partes do mundo. Eu amo todas elas e, no entanto, percebo que todas as nações, sociedades e famílias acham que são especiais. Se usarmos *especial* para significar singular ou único, concordo plenamente. Mas se entendermos que somos melhores que nossos vizinhos, sei de onde isso vem. Todos nós queremos ser importantes. Infelizmente, muitas vezes nos convencemos de que subordinar os outros nos permitirá ganhar maior valor e importância. A sensação de superioridade que sentimos quando colocamos os outros para baixo é pura autoilusão.

Conceito-chave: Nenhuma pessoa que vive em uma prisão de preconceitos pode ser verdadeiramente feliz ou livre.[25]

Questões-chave: Que indivíduo ou grupo você está tendo dificuldade em incluir, mesmo que eles não estejam causando nenhum dano real a você? Por quê?

Conceitos-chave

- A escolha de incluir outro ser humano ativa nossa humanidade.
- Somos naturalmente inclusivos na infância e excluímos de forma não natural na idade adulta.
- Incluir outro ser humano deve ser um ato de prejulgamento com base no valor dessa pessoa, não um ato de julgamento com base em seu mérito.
- Em vez de conceder segurança da inclusão com base no status humano, tendemos a julgar o valor de outra pessoa com base em indicadores como aparência, status social ou posses materiais, quando esses indicadores não têm nada a ver com valor.
- Deus pode ter nos feito de barros diferentes, mas não há motivos para dizer que o seu barro é melhor que o meu.

Estágio 1: Segurança da Inclusão

- Em qualquer unidade social, a segurança da inclusão pode ser concedida, retida, revogada ou concedida parcial ou condicionalmente.
- Gostamos de contar histórias reconfortantes a nós mesmos para justificar nosso senso de superioridade.
- A exclusão de uma pessoa é mais frequentemente o resultado de necessidades e inseguranças pessoais não atendidas do que uma aversão genuína à pessoa.
- Você aprende a inclusão quando pratica a inclusão. Internalize suas ações.
- À medida que você ama as pessoas com ação, você passa a amá-las com emoção.
- Nenhuma pessoa que vive em uma prisão de preconceitos pode ser verdadeiramente feliz ou livre.

Questões-chave

- Você trata as pessoas que considera de status inferior de forma diferente daquelas de status mais elevado? Se sim, por quê?
- No arco de cada vida, há momentos em que a segurança da inclusão faz toda a diferença, quando alguém estende a mão para o incluir em um momento vulnerável. Quando isso aconteceu com você? Que impacto teve na sua vida? Você está levando isso adiante?
- Como você reconhece e mostra sensibilidade e apreço pelas diferenças culturais que existem em sua equipe?
- Você se sente superior aos outros? Se sim, por quê?
- O princípio moral da inclusão é uma verdade conveniente ou inconveniente para você?
- A unidade social básica da família é o laboratório primário para obter uma verdadeira educação cívica sobre segurança da inclusão. Você aprendeu isso em sua família? Se não, você pretende ser uma figura transformadora em sua família e modelo de segurança da inclusão para a próxima geração?

Os 4 Estágios da Segurança Psicológica

- Que preconceito consciente você tem? Pergunte a um amigo de confiança qual viés inconsciente você tem. Por fim, em que situação você exerce formas brandas de exclusão para manter barreiras?
- Que indivíduo ou grupo você está tendo dificuldade em incluir, mesmo que ele não esteja causando nenhum dano real a você? Por quê?

ESTÁGIO 2
Segurança do Aprendiz

O verdadeiro aprendizado acontece quando o espírito competitivo cessa.

— Jiddu Krishnamurti

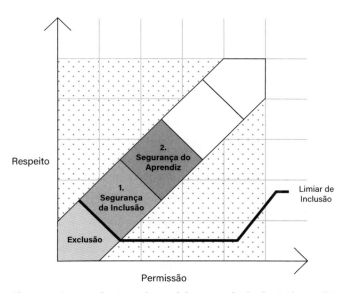

Figura 6. A segunda etapa do caminho para a inclusão e a inovação

Os 4 Estágios da Segurança Psicológica

A Necessidade Humana de Aprender e Crescer

No segundo estágio da segurança psicológica, mudamos nosso foco do status humano para a necessidade humana — neste caso, a necessidade humana inata de aprender e crescer, de se envolver em todos os aspectos do processo de aprendizagem sem medo de ser rejeitado ou negligenciado (veja figura 6 na página anterior).

Considere que, nos Estados Unidos da América, um aluno abandona o ensino médio a cada 26 segundos.[1] Acreditamos que, de fato, esses alunos estão desistindo porque não têm a largura de banda mental para fazer o trabalho? Exceto para aqueles que sofrem de uma deficiência de aprendizagem legítima, a maioria desses alunos tem ampla capacidade de aprender, se formar e ter sucesso em todos os aspectos da vida pessoal e profissional. A maioria desiste porque fica para trás, não tem apoio dos pais em casa e encontra um ambiente de aprendizado apático na escola.[2]

Conceito-chave: A verdadeira definição de devastação é ninguém se importar quando você falha.

Pesquisadores nomearam as quase 2 mil escolas de ensino médio nos Estados Unidos que sofrem de taxas de evasão cronicamente altas de "fábricas de evasão".[3] Ao observarmos essas escolas mais de perto, vemos um padrão de negligência. Mais do que tudo, esses alunos fracassados tornam-se emocionalmente distantes. Com o tempo, eles perdem a confiança, sentem-se derrotados e depois desistem. A indiferença e a falta de validação sequestram seu senso de identidade. O medo crescente os toma de dentro para fora até que eles literalmente acreditem que não vão conseguir. Em sua condição de abandono, ninguém vem em seu socorro.

Conceito-chave: Em quase todos os casos, os pais e as escolas falham com os alunos antes que os próprios alunos reprovem.

Questões-chave: Quantos alunos você conhece que florescem academicamente enquanto sofrem emocionalmente?

Existem três padrões de perigo emocional indutor de medo que removem a segurança do aprendiz e criam um estado de risco: (1) negligência, (2) mani-

Estágio 2: Segurança do Aprendiz

pulação e (3) coerção. Escolas e salas de aula fracassadas tendem a apresentar o primeiro padrão de negligência. E o local de trabalho? Quando os funcionários se desengajam e se refugiam em silêncio, geralmente estão respondendo a um ambiente hostil e abusivo. O medo vem como resultado da humilhação, bullying, assédio, ameaças e intimidação. Esses comportamentos indutores de medo tendem a se conformar a um padrão de manipulação e coerção.

Recentemente, passei um dia com uma equipe silenciosa. Trabalhei em muitas equipes e aprendi que o silêncio não natural geralmente é uma indicação de que uma equipe foi neutralizada por seu líder. Nesse caso, estávamos fazendo um planejamento de longo prazo, mas ninguém se pronunciou. O instinto de autocensura dominou a sala, o que é um sinal de gerenciamento de risco pessoal por meio do medo. A equipe tinha acabado de fracassar em um grande projeto e seus membros sofriam os efeitos dessa experiência. Mas não era o fracasso que doía, era o desprezo do líder que congelou a equipe. Ficar em silêncio é uma resposta normal à rejeição, humilhação ou punição de algum tipo. Os membros silenciosos da equipe se desengajam porque não têm voz.

O alarmante é quando o abuso é tolerado. O líder dessa equipe desfigurava emocionalmente as pessoas, e ninguém desmascararia a ficção de que o comportamento desse homem era aceitável. Ele era nada menos que um assediador de oportunidades iguais. Eu tive uma conversa com um dos membros da equipe após a reunião e perguntei a ela se o líder sempre agia dessa maneira. Ela confirmou que sim. Ao ver uma oportunidade de discutir a dinâmica do poder, perguntei: "Por que vocês toleram isso?" Então veio a resposta: "Só nos acostumamos com isso."

Conceito-chave: Enquanto a escola insegura é provavelmente um berçário de negligência, o local de trabalho inseguro é provavelmente um refúgio da humilhação.

Quando se trata de baixa segurança psicológica, a escola reprovadora não se importa com os indivíduos ou com seu desempenho. O local de trabalho reprovador também não se importa com os indivíduos, mas tem interesse em seu desempenho. Ambos são prejudiciais, mas de maneiras diferentes. Por fim, famílias emocionalmente inseguras demonstram comportamentos em todo o

Os 4 Estágios da Segurança Psicológica

espectro. Vemos negligência em alguns, manipulação em outros e coerção explícita nos casos mais infelizes.

> **Conceito-chave:** Um ambiente de aprendizagem hostil, seja em casa, na escola ou no trabalho, é um lugar onde o medo provoca o instinto de autocensura e interrompe o processo de aprendizagem.

Em uma sala de aula baseada no medo, os alunos derrotados desistem e os alunos confiantes mantêm a cabeça baixa. O mesmo acontece no local de trabalho: os melhores talentos saem porque têm opções. O talento medíocre fica porque não tem. Enquanto isso, a produtividade sofre. Por fim, em uma família emocionalmente disfuncional, independentemente do padrão dessa disfunção, as crianças murcham emocionalmente e tendem a desmoronar academicamente.

> **Conceito-chave:** Quando o ambiente pune em vez de ensinar, seja por negligência, manipulação ou coerção, os indivíduos tornam-se mais defensivos, menos reflexivos e menos capazes de se autodiagnosticar, autotreinar e autocorrigir. Isso introduz o risco de um fracasso real — o fracasso em continuar tentando.

Onde existe segurança do aprendiz, o líder cria um processo de aprendizado com baixo atrito social e baixo custo emocional. Isso requer níveis de respeito e permissão que vão além da segurança da inclusão, porque o próprio processo de aprendizagem apresenta mais risco, mais vulnerabilidade e maior exposição potencial a danos sociais e emocionais.

Com a segurança da inclusão, não há nenhum requisito de participação ativa além de ser humano e cortês, mas com a segurança do aprendiz, você deve se colocar à disposição para fazer perguntas, solicitar feedback, apresentar ideias, experimentar, cometer erros e até falhar. Você naturalmente olha em volta e faz um cálculo de risco/recompensa em sua cabeça: "Se eu fizer essa pergunta, pedir ajuda, fizer uma sugestão, admitir que não sei ou cometer um erro, quanto isso vai me custar? Posso ser eu mesmo? Vou parecer estúpido? Estou sendo julgado? As pessoas vão rir? Elas vão me ignorar? Vou prejudicar minhas perspectivas? Prejudicarei minha reputação?" Em cada contexto de aprendizagem, conscientemente ou não, avaliamos o nível de risco interpessoal ao nosso redor.

Estágio 2: Segurança do Aprendiz

A tabela 2 adiciona a definição de respeito e permissão, bem como o requisito de troca social, para a segurança do aprendiz.

Tabela 2 **Estágio 2** Segurança do Aprendiz			
Estágio	**Definição de Respeito**	**Definição de Permissão**	**Troca Social**
1. Segurança da Inclusão	Respeito pela humanidade do indivíduo	Permissão para o indivíduo interagir humanamente com você	Inclusão em troca de status humano e ausência de dano
2. Segurança do Aprendiz	Respeito pela necessidade inata do indivíduo de aprender e crescer	Permissão para o indivíduo se envolver em todos os aspectos do processo de aprendizagem	Incentivo a aprender em troca de engajamento no processo de aprendizagem

À necessidade universal de ser reconhecido, acrescentamos a necessidade universal de aprender e crescer. Permissão neste caso é permissão para o indivíduo se envolver em todos os aspectos do processo de aprendizagem. A segurança da inclusão exige que mostremos cortesia uns com os outros, mas com a segurança do aprendiz adicionamos outra troca social. Se ofereço segurança do aprendiz a um indivíduo, quero e espero que o indivíduo faça um esforço para aprender. Se eu sou o aluno, espero que o líder, professor, treinador ou pai me apoie no processo de aprendizagem. Trata-se de encorajamento para aprender em troca de engajamento para aprender.

Conceito-chave: O imperativo moral para garantir a segurança do aprendiz é agir primeiro incentivando o aluno a aprender. Seja o primeiro impulsionador.

Sim, os alunos devem fazer sua parte para se engajar no processo de aprendizagem, mas às vezes eles não sabem como ou não têm confiança para tentar. Os indivíduos são muitas vezes despreparados ou incapazes de dedicar o esforço que a aprendizagem exige. Eles não acreditam que conseguem aprender e podem ficar paralisados por falhas ou constrangimentos anteriores. Nesse caso, não podemos esperar que os alunos iniciem o esforço para aprender quando a experiência pode ter ensinado que o risco é muito grande.

Se você entrasse em uma sala de aula comum em uma escola de ensino médio passando por dificuldades, e nós o colocássemos no comando da classe, o que você esperaria dos alunos? Engajamento, energia, foco, confiança e autoeficiência? Não, você começaria com esperança! Precisamos nos lembrar de que não ordenamos o aprendizado, nós o convidamos. O clima que criamos alimenta o desejo e a motivação para aprender. Em um ambiente ideal, a segurança do aluno é uma troca mútua de ideias, observações, perguntas e discussões. Se os líderes devem encontrar os alunos onde eles estão, pode ser necessário dar um passo para trás e começar fornecendo a segurança da inclusão que estava ausente. Eu ainda estou para ver segurança do aprendiz onde a segurança da inclusão está ausente. Uma se constrói sobre a outra.

> **Questão-chave:** Você já teve um professor que confiava mais na sua capacidade de aprender do que você? Como isso influenciou sua motivação e esforço?

Deixe-me enfatizar que garantir a segurança do aprendiz não é um ato passivo. Quando a concedemos, assumimos o compromisso de criar um ambiente de apoio e incentivo. Comprometemo-nos a ser pacientes com os alunos. Comprometemo-nos a modelar uma aprendizagem eficaz e a partilhar poder, crédito e recursos para permitir que todos aprendam. Neste contrato social, o lado do aluno é diferente. O aluno espera encontrar um ambiente de apoio e encorajamento, mas não se compromete com nada no início, porque a aprendizagem é um processo repleto de riscos pessoais. Os alunos raramente se esforçam para aprender, a menos que a segurança do aprendiz esteja em vigor. Trata-se de criar as bases para isso. Se você não criá-las, eles não aprenderão.

Desvencilhando o Medo de Erros e Fracassos

Se você entrar no ginásio do ensino médio na Lone Peak High School em Highland, Utah, no segundo sábado de maio, verá um oceano de cadeiras. O ginásio foi transformado em uma sala de aula gigante e mais de trezentos alunos estão fazendo o exame nacional do Programa de Colocação Avançada

Estágio 2: Segurança do Aprendiz

(AP). Considere a ironia: se você examinar o cenário acadêmico do ensino médio, o pico mais alto — o Everest de todos — é o cálculo. E, no entanto, apesar do fator medo, a demanda dos alunos por cálculo disparou nesta escola. Por que há tanto apetite por este curso desafiador?

O culpado é Craig B. Smith, um engenheiro eletricista reformado que chegou à sala de aula em 2007 após uma carreira de grande sucesso na ExxonMobil e outras organizações comerciais.[4] Craig ensina sete períodos seguidos de cálculo com uma turma média de 34 alunos. Passei várias horas entrevistando Craig e seus alunos e observando suas aulas. Em vez de se deparar com um educador cansado e rendido aos problemas da educação secundária norte-americana, você encontrará um homem cheio de entusiasmo por seus alunos e seu ofício. Oficialmente, Craig ensina cálculo. Extraoficialmente, ele preside um laboratório de liderança como coach, conselheiro de luto e enfermeiro de triagem. Um verdadeiro *outlier*, fugindo dos padrões, Craig é amplamente considerado como um dos melhores professores de matemática secundária do país. A julgar pelos dados normalizados retirados do Departamento de Educação do Estado de Utah, pode ser que ele seja o melhor.

Em 2006, um ano antes de Craig começar a ensinar cálculo, 46 a cada mil alunos fizeram o exame nacional de proficiência em cálculo AB na Lone Peak High School. Oito anos depois, em 2016, 160 a cada mil alunos fizeram o teste AB (um salto de quase 250%), em comparação com 34 a cada mil alunos em todo o estado. A taxa de participação atual é 800% superior à média nacional. E quanto ao desempenho? Em 2006, 13 a cada mil alunos em Lone Peak passaram no exame nacional de proficiência em cálculo AB administrado pelo College Board, em comparação com uma taxa um pouco mais alta de 22 a cada mil alunos em todo o estado. Em 2014, a taxa de aprovação estadual ainda estava presa em 22 a cada mil alunos, enquanto a taxa de aprovação dos alunos de Craig disparou para 114 a cada mil, um aumento impressionante de 777%. Uma coisa é fazer melhorias incrementais constantes. Outra bem diferente é gerar uma transformação radical. Em uma época em que os adolescentes norte-americanos nem chegam ao top 20 mundial entre os países desenvolvidos em desempenho em matemática, as conquistas de Craig são impressionantes.

Ele começa com uma afirmação inicial muito importante, rigorosa e inflexível: todo aluno pode aprender cálculo. Seu dojo de matemática é um centro de desenvolvimento pessoal que rejeita a ideia de que a capacidade de aprendizagem é fixa ou implantada no nascimento:[5] "Eu tento nunca julgar a aptidão ou o esforço de um aluno." Craig sustenta que alunos lentos não são menos inteligentes. Eles simplesmente assimilam em um ritmo mais lento, então seu foco está no esforço do aluno e não na aptidão. Resistir a fazer julgamentos discriminatórios da capacidade dos alunos é uma habilidade, mas também é uma função moral, que muitos professores não têm disciplina para desenvolver. Muitos professores fazem julgamentos de aptidão e começam a classificar e atribuir valor a seus alunos imediatamente. Como observa o pesquisador vencedor do Prêmio Nobel Daniel Kahneman: "Você tende a formar uma impressão global a menos que faça um esforço especial para não formá-la."[6] Craig começou a suprimir esse impulso natural anos atrás.

Questão-chave: Quando você começa a trabalhar com novas pessoas, você julga a aptidão delas imediatamente ou suprime esse impulso?

O lendário C. Roland Christensen, da Harvard Business School, reiterou a mesma conclusão:

Acredito no potencial ilimitado de cada aluno. À primeira vista, eles variam, como os instrutores, de medíocres a magníficos. Mas o potencial é invisível ao olhar superficial. É preciso fé para discerni-lo, mas testemunhei muitos milagres acadêmicos para duvidar de sua existência. Agora vejo cada aluno como "material para uma obra de arte". Se eu tiver fé, fé profunda, na capacidade de criatividade e crescimento dos alunos, imagine quantas coisas podemos realizar juntos. Se, por outro lado, deixo de acreditar nesse potencial, meu fracasso planta sementes de dúvida. Os alunos leem nossos sinais negativos, mesmo quando cuidadosamente disfarçados, e fogem do risco criativo para "apenas o possível". Quando isso acontece, todos perdem.[7]

Na psicologia social, há um campo de pesquisa dedicado ao que é chamado de teoria da ameaça do estereótipo, que diz que quando somos submetidos a um estereótipo negativo, tendemos a nos conformar a ele. Em outras palavras, os rótulos nos limitam. Eles também podem ampliar e exaltar. Com estereótipos negativos, simplesmente estar ciente da possibilidade de pertencer a um desses grupos nos motiva a nos conformar a uma limitação invisível. Estereótipos sobre raça, gênero, idade, imagem corporal e capacidade de aprendizagem po-

Estágio 2: Segurança do Aprendiz

dem causar danos psíquicos significativos em seus alvos. Como observa Claude Steele, a ameaça do estereótipo pode resultar em "baixa autoestima, baixas expectativas, baixa motivação e insegurança".[8]

> **Conceito-chave:** As expectativas moldam o comportamento em ambas as direções. Quando você define seus padrões, sejam altos ou baixos, as pessoas tendem a segui-los.

Os estereótipos também podem influenciar os indivíduos a alcançar níveis mais altos de desempenho. Craig ajuda os alunos a se livrar de qualquer dano psíquico que um estereótipo prejudicial possa estar causando. Todo ano, os alunos chegam com a convicção de que são ruins em matemática, e todo ano esses mesmos alunos passam no exame nacional de Cálculo AP.

À crença de que todos podem aprender cálculo, Craig acrescenta a pre-condição da segurança do aprendiz. Como ele explica: "Eu não posso ensinar os alunos a menos que eu goste deles. Não posso gostar deles a menos que os conheça, e não posso conhecê-los a menos que fale com eles." É por isso que ele passa o primeiro período de aula todo semestre sem fazer nada além de aprender os nomes de seus alunos e um pouco sobre suas vidas. Depois disso, todos começam a trabalhar, mas ele continua a pontuar seu tempo de aula com toques pessoais sutis com cada aluno. Ele começa cada aula conversando com cada aluno individualmente e verificando se fizeram o dever de casa.

Em minhas observações em sala de aula, noto que Craig alterna entre palestra e discussão.[9] A coreografia parece sem esforço, criando uma sensação de intensidade relaxada e uma total ausência de medo, inibição ou formalidade. Craig ensina um conceito em estilo de palestra e, em seguida, faz uma série de perguntas em estilo de discussão para testar a compreensão. Ele usa um sistema de pontos de participação que incentiva perguntas enquanto os alunos navegam por uma jornada emocional e intelectual de pequenas vitórias e derrotas. "Uma resposta errada é tão boa quanto uma resposta certa, desde que você saiba o porquê", afirma ele.

> **Conceito-chave:** O fracasso não é a exceção, é a expectativa e o caminho a se seguir. Haverá desânimo antes da descoberta.

De fato, se você está realmente tentando, não deve haver estigma, vergonha ou constrangimento associado ao fracasso. É apenas um trampolim. Devemos recompensar o fracasso porque não é fracasso; é progresso. O exame do fracasso é muitas vezes mais valioso do que o exame do sucesso. Consistente com esse princípio, Craig desmascarou a sabedoria convencional de que a repetição do teste — a prática de permitir que os alunos refaçam um teste se forem mal — não funciona. É um pouco mais de trabalho para o professor", observa Craig. "Retestar claramente funciona, então eu dou chances infinitas. Se você está disposto a trabalhar, sempre há misericórdia. Você pode tentar de novo."

Craig convida os alunos a aprender sem adicionar medo a um assunto que já faz isso por si só. Ele reconhece que os alunos que estão emocionalmente angustiados — ansiosos, irritados ou deprimidos — são cognitivamente prejudicados e não aprendem bem, então ele promove um clima desafiador e estimulante de segurança do aprendiz para reduzir drasticamente o risco de aprendizagem. "Não há constrangimento na classe do Sr. Smith", disse um aluno. "Você nunca se sente burro, mesmo que não entenda alguma coisa."

Questão-chave: Sua equipe pune o fracasso? Você pune o fracasso?

A segurança do aprendiz requer um ego baixo e uma inteligência emocional excepcionalmente alta, características que Craig possui em abundância. Ele é um homem de grande calor humano que claramente procura abençoar em vez de impressionar seus alunos. Ele não é competitivo, combativo ou punitivo. Ele não está lá para pontificar, exibir brilhantismo ou duelar com seus alunos. Em vez disso, ele mostra paciência e humildade intelectual. Talvez o mais invisível de tudo seja a maneira como ele monitora tanto o conteúdo quanto o contexto. Ele desenvolveu uma sensibilidade social aguda para interpretar os sinais não verbais dos alunos. Ele é fluente nesse idioma, o que permite que fique em sincronia com o progresso cognitivo e emocional dos alunos para que ele nunca os atropele.[10]

"Ele nunca age incomodado ou irritado quando você faz uma pergunta", disse outro aluno. "Ele vai se ajoelhar ao lado de sua mesa, descobrir o que você sabe e ajudá-lo a partir daí. Mas ele não te dá a resposta. Você tem que explicar onde e por que está travado."

Estágio 2: Segurança do Aprendiz

Questão-chave: Você aprende tanto ou mais com seus fracassos quanto com seus sucessos?

"Cálculo não é uma matéria fácil", diz Craig. "Eu também reconheço que muitos dos meus alunos nunca usarão cálculo de novo. O que estamos tentando fazer é formar alunos confiantes, independentes, mentalmente tenazes e destemidos, preparados para a vida. A jornada torna você responsável. Faz você se ir além. Faz você se sentir bem consigo mesmo. Sim, eu ensino cálculo. Contudo, mais do que isso, eu ensino pessoas."

Craig entende de cálculo melhor do que outros professores de cálculo? Essa é a fonte de sua vantagem competitiva? Claramente não. Com base em sua extraordinária capacidade perceptiva e habilidade de evitar a fadiga da compaixão, ele dominou a arte de moldar o contexto social, emocional e cognitivo, criando um "lugar limpo e bem iluminado" figurativamente, onde todos podem florescer.[11] Isso é a segurança do aprendiz.

O Intelectual e o Emocional

A capacidade de uma pessoa de aprender requer manter o foco, gerenciar impulsos e evitar distrações. Os pesquisadores usam termos como _estado de fluxo_, _metacognição_, _função executiva_, _esforço efetivo_ e _alto engajamento_ para descrever o que os bons alunos fazem. Esses termos referem-se ao sistema de controle de supervisão atencional ou cognitivo.

A aprendizagem, portanto, não é um processo isolado, racional, frio, seco e mecanicista. A emoção está aninhada na razão, e a razão na emoção. Cognição e afeto estão inseparavelmente conectados. Antes de ir para Oxford, fiz mestrado na Universidade de Utah. Meu orientador era um cientista político respeitado internacionalmente chamado John Francis. Ele me ajudou a me preparar academicamente para Oxford pintando, sem pena, todos meus artigos de caneta vermelha. Ele me provocava, me tensionava e me atacava. Em uma aula, fiquei absolutamente exasperado porque nunca conseguiria tirar um A em um artigo. Eu me sentava com John em seu escritório e repassava suas correções, e toda vez eu ia embora com uma frustração persistente, mas amando esse homem. Havia uma bela estranheza no processo que me motivou a redobrar meus esforços. Ele estava me deixando louco, mas eu não estava me desengajando. Como ele se conectou comigo pessoalmente, dei-lhe permissão para me provocar.

> **Questão-chave:** Você já teve um professor em sua vida que criou segurança do aprendiz e o levou a um novo nível de desempenho?

E o que ele fazia na sala de aula? Ele compartilhava o poder por meio da discussão. Ele é um homem brilhante, mas havia pouco didatismo e nenhum pedantismo em seus cursos. Uma aula tradicional é autoritária. John optou por uma abordagem mais democrática e colaborativa onde aprendemos juntos. Isso, claro, criou mais risco para os alunos porque tínhamos mais responsabilidade de ensinar uns aos outros, mas dessa propriedade conjunta veio um investimento emocional mais profundo e uma maior disposição de assumir riscos no processo de aprendizagem.

Um líder pode manter uma cultura de aprendizagem somente se ele ou ela minimizar consistentemente a vulnerabilidade por meio de um padrão consistente de resposta emocional positiva.[12] As pessoas querem ver como você reage à dissidência e às más notícias. Se você ouvir atentamente, responder de forma construtiva e transmitir apreço, os participantes absorvem essas dicas e calculam sua participação de acordo.

> **Conceito-chave:** O sinal mais importante para conceder ou negar a segurança do aprendiz é a resposta emocional do líder à discordância e más notícias.

Como professor, John havia dominado a integração dos sistemas cognitivo e afetivo. Se você perder o envolvimento emocional, o envolvimento intelectual diminui ou pode não acontecer. As pessoas aprendem mais com as pessoas que amam do que com as que não amam.

> **Conceito-chave:** Os seres humanos processam de modo social, emocional e intelectual ao mesmo tempo.

A aprendizagem não é a operação de um data center desapegado e imparcial; é uma interação entre a cabeça e o coração. Outra testemunha, e talvez nossa maior fonte de prova da necessidade de segurança do aprendiz, é a inter-

Estágio 2: Segurança do Aprendiz

net, a tecnologia educacional e a democratização do aprendizado. As barreiras ao aprendizado que permaneceram resolutamente por milênios estão caindo. A escalabilidade infinita da internet permite que qualquer pessoa acesse o melhor conteúdo e os melhores professores do mundo. Tudo que você precisa é de um dispositivo inteligente e acesso à internet. À medida que as barreiras tradicionais de acesso, custo e qualidade caem, teoricamente devemos ver um aumento no aprendizado em todas as populações. Minha filha pode acessar a Kahn Academy para obter ajuda com álgebra linear; meu filho pode assistir a um breve vídeo TED-Ed sobre a história do queijo; e eu posso ir ao edX assistir a Michael Sandel dar um curso sobre justiça. Não custa nada e é sob demanda.

Com a internet, você pode aprender o que quiser, a hora que quiser e onde quiser. Trata-se de um grande equalizador, exceto por uma coisa: você precisa de foco e motivação, e aí está o problema. Entramos em um momento de oportunidade sem precedentes para o aprimoramento humano, sendo que o desafio não é mais tempo e acesso, mas desejo e disciplina. A tecnologia educacional criou um renascimento do aprendizado, mas está deixando para trás milhões de pessoas que não têm interesse, confiança e motivação para participar, em grande parte porque foram privadas da segurança do aprendiz.

Os seres humanos aprendem com contexto, não isolados, e são continuamente influenciados por esse contexto. Quando o contexto de aprendizagem é encorajador, ele estimula a curiosidade. Acrescente a isso o fato de que o nível de segurança do aprendiz molda diretamente a maneira como os alunos interagem. "O grau e a qualidade da participação do aluno em cursos de simulação interprofissionais", escreve a cientista social holandesa Babette Bronkhorst, "é influenciado pela autoeficácia, bem como pelas percepções da segurança psicológica do ambiente de aprendizagem. Os alunos que se sentem seguros estão muito mais dispostos a praticar no limite de seus conhecimentos para experimentar, resolver problemas difíceis e refletir sobre seu desempenho."[13]

A segurança do aprendiz é uma precondição que cria a curiosidade e a vontade de ser corajoso no processo de aprendizagem pessoal. Bill Gates disse: "Pessoas tão curiosas quanto eu se darão bem em qualquer sistema. Para o aluno automotivado, esses são os dias de ouro. Eu gostaria de estar crescendo agora. Eu invejo meu filho. Se ele e eu estamos conversando sobre algo que não entendemos, apenas assistimos a vídeos e clicamos em artigos, e isso alimenta

Os 4 Estágios da Segurança Psicológica

nossa discussão. Infelizmente, alunos altamente curiosos representam uma pequena porcentagem das crianças."[14]

Gates diz que apenas uma pequena porcentagem de crianças é muito curiosa, mas observe o que ele faz com seu próprio filho. Eles ficam lado a lado e aprendem juntos. Ele faz uma conexão emocional com seu filho para alimentar a exploração intelectual. É incrível a rapidez com que a curiosidade e a motivação para aprender podem ser despertadas quando alguém cria um ambiente estimulante com segurança do aprendiz.

> **Questão-chave:** Quando foi a última vez que você criou um ambiente de aprendizagem estimulante para a curiosidade e motivação de outra pessoa?

Lembre-se de que os humanos procuram instintivamente a segurança do aprendiz antes de se envolverem no processo. Se você sabe que será ridicularizado ao fazer uma pergunta, o instinto de autocensura silenciará esse impulso e fará a transição para uma rotina defensiva. Líderes confiáveis têm autorização de segurança. Líderes desconfiados são impedidos de entrar. Quando se trata de segurança do aprendiz, o aluno tem a palavra final.

> **Conceito-chave:** Protegemos nosso eu social e emocional com sofisticados sistemas de vigilância pessoal.

De Tonga à Filadélfia

Considere a história do meu companheiro de time de futebol americano universitário Vai Sikahema. Sua família chegou da nação insular de Tonga em solo americano quando ele tinha 8 anos. Eles se estabeleceram em Mesa, Arizona, onde o pai de Vai encontrou trabalho como zelador. Sem programas de inglês disponíveis em sua escola, Vai sentava-se no fundo da sala, escutando, mas sem entender nada.

"Eu me senti tão vulnerável e ameaçado", disse ele, "que não admitia que o inglês era minha segunda língua. Eu estava envergonhado por minha cultura, minha língua e até meu nome. Eu só queria um nome normal que as pessoas

Estágio 2: Segurança do Aprendiz

pudessem pronunciar e não tirassem sarro. E você tem que entender, eu estava me acostumando a usar sapatos."

Vai gravitou para esportes como boxe e futebol americano, onde seus dons físicos trouxeram recompensas imediatas e definiram um caminho para sua integração social e cultural. Seus pais proporcionaram um ambiente amoroso, mas com educação limitada e nenhuma experiência para apoiá-lo academicamente, Vai ficou seriamente defasado. Como a educação formal era um território desconhecido, os pais de Vai recorreram aos seus treinadores do ensino médio, que indicaram bolsas de estudos esportivas, o que acabaria impulsionando seus estudos. Consequentemente, Vai aproveitou ao máximo as aulas de seus treinadores no ensino médio e tinha a grande aspiração de manter uma média alta para garantir sua elegibilidade para jogar futebol americano.

A cada ano que passava, a lacuna acadêmica aumentava, exceto em uma matéria — inglês. Vai tinha uma professora de inglês do ensino médio chamada Barbara Nielsen. Depois de observar Vai em sua aula, ela imediatamente notou suas deficiências de leitura, escrita e fala. Aos 15 anos, ele estava lendo no nível da quinta série, cinco anos atrás de seus colegas. Barbara ligou para os pais de Vai e combinou de ir à casa deles todos os sábados para praticar a leitura. E ela não parou por aí: colocou Vai na equipe do jornal estudantil, onde ele acabou desenvolvendo facilidade com a língua inglesa e aprendeu a escrever artigos. Semana após semana, ela ia até sua casa e eles se debruçavam em obras como *Grandes Esperanças* e *O Sol É para Todos*. Vai lia e Barbara lhe fazia perguntas. Ele não sabia disso na época, mas a segurança do aprendiz que Barbara criou se tornaria uma influência reconfortante e um pivô de mudança em sua vida que sustentaria seus futuros esforços de aprendizagem nos próximos anos.

Vai, aos 15 anos, tinha uma lacuna de aprendizado de cinco anos em compreensão de leitura, mas tinha uma lacuna muito maior em matemática e ciências. Essa lacuna nunca foi superada. Enquanto isso, ele se destacou no futebol americano e aceitou uma bolsa integral da NCAA para a Universidade Brigham Young. Vai estudou muito, mas a garra por si só não conseguiu superar a enorme lacuna de aprendizado em matemática e ciências.

Conceito-chave: A garra por si só não superará uma lacuna de aprendizado. A segurança do aprendiz é essencial.

Os 4 Estágios da Segurança Psicológica

Depois de ser reprovado em introdução à física e se sair mal em outras aulas, ele começou a perder a confiança. Com o tempo, ele descartou a possibilidade de receber um diploma universitário. Em vez disso, se concentrou em permanecer elegível para jogar futebol americano, fazendo uma variedade de cursos básicos. Antes de deixar a BYU, ele foi reprovado em física cinco vezes e nunca declarou uma área de estudo específica. Como ele disse, "eu estava apenas tentando sobreviver".

Vai se tornou o primeiro tonganês-americano a jogar na National Football League, jogando em três equipes durante oito temporadas e sendo duas vezes nomeado para o Pro Bowl. Oito anos se passaram. Vai se aposentou da NFL e foi contratado pela WCAU, a estação de televisão de propriedade da CBS na Filadélfia, para ser jornalista de esportes do fim de semana. A estação foi vendida posteriormente para a NBC, e Vai posteriormente foi transferido para os dias de semana e depois se tornou um âncora de notícias matinais e diretor de esportes da estação. Um pedigree da NFL era uma coisa boa de se ter, mas onde e como Vai aprendeu jornalismo televisivo, e o que lhe deu coragem para tentar? O segredo pouco conhecido é o que Vai escolheu fazer durante seu período de entressafra. Ele ia à emissora de televisão local e pedia para trabalhar como estagiário. "Aprendi a fazer café, comprar rosquinhas e revisar roteiros. Eles me deram pequenas oportunidades para trabalhar na minha dicção. Eu tive que mostrar às pessoas que eu não tinha medo de arregaçar as mangas e de fazer coisas que atletas profissionais normalmente não fariam."

Vai superou em muito a carreira média na NFL de 3,3 anos, mas sabia que ela chegaria ao fim. Com quatro filhos e sem diploma, ele também sabia que precisava fazer algo para se preparar para o futuro. "Tive muitos mentores ao longo do caminho, mas devo dizer que grande parte da motivação para aprender esse negócio remonta à Sra. Nielsen. Ela plantou uma semente em mim quando eu tinha 15 anos, que nunca morreu." Para fechar com chave de ouro sua jornada improvável, Vai se matriculou em uma faculdade comunitária local na Filadélfia e obteve um A em introdução à física.

"*Não* há relação", afirma Carol Dweck, de Stanford, "entre as habilidades ou inteligência dos alunos e o desenvolvimento de qualidades voltadas para um domínio. Alguns dos alunos mais brilhantes evitam desafios, não gostam de esforço e desanimam diante da dificuldade. E alguns dos alunos menos brilhantes são realmente esforçados, prosperando em desafios, persistindo intensamente

Estágio 2: Segurança do Aprendiz

quando as coisas ficam difíceis e realizando mais do que você esperava."[15] O que Dweck não menciona é o papel crucial que o meio ambiente desempenha em tudo isso. Ou seja, a troca social de incentivo para o engajamento que define a segurança do aprendiz. Não posso dizer que conheço uma única pessoa que superou as adversidades da vida sem ajuda. Há sempre alguém que desempenha um papel fundamental como a Sra. Nielsen fez para Vai. Nesse caso, ela plantou sua influência cedo, e essa influência o encorajou a ser quase indiferente ao fracasso. Um momento de reflexão revela que a verdadeira fórmula para o sucesso é trabalhar duro e obter ajuda. E quando um indivíduo começa a jornada da vida com desvantagens, a segurança do aprendiz pode se tornar o grande equalizador.

> **Questão-chave:** Você consegue pensar em uma pessoa que desempenhou um papel fundamental em sua vida, criando segurança do aprendiz e acreditando em sua capacidade de aprender?

Desmercantilizando as Pessoas nas Organizações

As fileiras gerenciais de muitas organizações ainda são ocupadas por *baby boomers* que mal conseguem se sustentar, tentando evitar infortúnios na carreira até a aposentadoria, agarrando-se a velhas habilidades de outra era, imobilizados, reconhecendo publicamente o novo mundo, mas sem vontade de aprender com ele.

Por que eles estão fazendo isso? Eles ficaram para trás e agora estão presos entre dois mundos. Cresceram em um mundo obcecado pelas máquinas que forneciam automação, produção em massa e economias de escala, e não prestavam muita atenção ao capital humano, especialmente o próprio.

Capital humano é tudo. E, no entanto, Steve Kerr, a primeira pessoa a usar o título de diretor de aprendizagem, foi nomeado para esse cargo na General Electric pelo então CEO Jack Welch em 1994. O reconhecimento do indivíduo como a fonte da capacidade produtiva foi um processo lento e evolutivo. A mentalidade predominante sustentava que apenas uma pequena parte da população de uma organização poderia aprender e contribuir como trabalhadores do conhecimento. Os líderes operavam na suposição de que havia partes pensantes e não pensantes da organização. Influenciadas pelo trabalho de

Os 4 Estágios da Segurança Psicológica

Frederick Winslow Taylor, as organizações restringiam e compartimentavam o trabalho humano medido em termos de produtividade bruta baseada em tarefas. A maior parte não pensante da organização nem foi considerada por sua produção criativa, uma mentalidade atolada em séculos de preconceito que nos deixou cegos para o potencial das pessoas.

Conceito-chave: A mente preconceituosa é voluntariamente cega.

Mesmo dentro da parte pensante da organização, a mentalidade enfatizava a aprendizagem única para qualificação permanente. Esse modelo herdado da era industrial se baseava em um princípio básico que valorizava os ativos e mercantilizava as pessoas. Apesar de os behavioristas organizacionais aparecerem em cena na última parte do século XX, o legado da hierarquia e a ênfase baseada em regras na responsabilidade e no controle interno permaneceram em foco.

Pense nesse legado no contexto atual. A ascensão e queda natural da vantagem competitiva não é novidade. O que é novo é a duração média dessa subida e descida. É bem menor hoje em dia. À medida que essa tendência continua, o aprendizado se torna mais importante para o sucesso porque a meia-vida do conhecimento de uma organização reflete sua estratégia competitiva. Uma compressão geral dos prazos naturalmente muda a fonte da competitividade contínua para o aprendizado. Um ciclo competitivo é um ciclo de aprendizagem. Ou aprendemos e nos reequipamos para manter a competitividade ou enfrentamos o risco grave da irrelevância.

Costumávamos pensar na aprendizagem como algo discreto e baseado em eventos, algo que era desencadeado por um problema ou pergunta. Agora é contínuo e integrado ao fluxo de trabalho. Como resultado, está se tornando cada vez mais difícil separar o aprendizado da produção devido à natureza entrelaçada entre aquisição de conhecimento e criação de valor. A fronteira entre os dois processos é mais tênue do que nunca, pois os indivíduos alternam de um lado para o outro em tempo real. As tecnologias de processo acabarão se integrando aos sistemas de aprendizado e gerenciamento de talentos para facilitar uma integração mais perfeita do fluxo de trabalho e da aprendizagem.

O perigo é acreditar que a tecnologia é o segredo que pode libertá-lo em sua busca para ser uma organização que aprende. Essa fé superabundante no poder da tecnologia é o que Richard Florida chama de "tecnoutopismo"[16]. Por mais

Estágio 2: Segurança do Aprendiz

impressionantes que sejam os avanços em tecnologia colaborativa, estes não podem superar a abominável barreira do medo que uma liderança autocrata sempre impõe. Ainda assim, continuamos a ouvir evangelistas proclamando o potencial ilimitado dos avanços tecnológicos mais recentes, como aplicativos da Web de *mash-up*, mundos de aprendizado virtual, *hackathons* e ferramentas de suporte ao desempenho. O ciclo de *hype* da tecnologia, o romantismo e as ofertas de salvação nunca desaparecem.

É útil refletir sobre o que uma organização, de fato, é. Existem muitas definições, mas talvez a melhor para o nosso tempo tenha sido apresentada pelo teórico da educação Malcolm Knowles. Ele nos convida a pensar em uma organização como um "sistema de aprendizagem, bem como de produção".[17] Em nossos dias, as organizações literalmente competem com base em sua capacidade de aprender. Em um ambiente implacável e hipercompetitivo, criar uma organização que aprende na velocidade da mudança ou acima dela — a própria definição de agilidade de aprendizado — é o desafio organizacional central do nosso tempo.

Peter Drucker cunhou o termo *trabalhador do conhecimento* em 1959 e, no entanto, ainda estamos tentando quebrar as ortodoxias da era industrial. Continuamos a promover chefes autoritários radicais, condicionados em outro tempo e lugar, para liderar organizações. A única razão pela qual eles sobrevivem é que suas organizações têm fontes de vantagem competitiva que compensam e ocultam suas deficiências. As demandas crescentes de uma organização multiforme exigem que um líder seja definidor de direção, servidor, treinador, capacitador e facilitador. Vemos os padrões predominantes de liderança migrarem de um modelo burocrático e autocrático para um que seja democrático e igualitário, de um modelo orientado para tarefas para um orientado para pessoas, de uma lógica diretiva para uma facilitadora.

Essa não é apenas uma mudança fundamental em relação ao modelo do líder como oráculo, mas também exige que os líderes assumam uma postura emocional e social muito diferente. Os líderes devem se sentir à vontade para se retratar como competentes por meio de sua capacidade de aprender e se adaptar, em vez de sua experiência. Para promover a segurança do aprendiz, os líderes devem modelar um nível de humildade e curiosidade que é simplesmente estranho às concepções mais tradicionais de liderança. Ironicamente, os líderes estão sendo desafiados a desenvolver confiança no próprio ato de não saber.

59

Os 4 Estágios da Segurança Psicológica

Eles devem ser submissos ao fato de que passarão por períodos de incompetência temporária à medida que avançam nos ciclos de aprendizado.

Como alguém que trabalhou com algumas equipes muito difíceis, quero oferecer duas sugestões finais para cultivar e preservar a segurança do aprendiz. Primeiro, gerencie aqueles que aprendem com a boca — os membros vocalmente agressivos de sua equipe que são propensos a ameaçar seus colegas com tempestades verbais e raios de crítica. Em segundo lugar, nunca deixe a hierarquia livrar alguém da responsabilidade de aprender. Quando treino equipes executivas, cerca de metade dos CEOs não comparece. Os outros vêm ansiosos para aprender. Quem tem a vantagem?

> **Questão-chave:** O seu modelo é o líder como aprendiz ou o líder como oráculo? Você demonstra uma disposição de aprendizagem agressiva e autodirigida?

Os líderes comprometidos em proteger a segurança do aprendiz entendem que o aprendizado é a fonte da vantagem competitiva, que representa a forma mais alta de gerenciamento de riscos corporativos e que o maior risco que uma empresa pode assumir é deixar de aprender. Parece cada vez mais claro que os líderes que não demonstram padrões profundos de aprendizado agressivo e autodirigido em sua própria disposição quase certamente falharão. Aqueles que o fazem têm quase certeza de ter sucesso, desde que combinem esses padrões de aprendizado com a capacidade de envolver as pessoas. Em última análise, a segurança do aprendiz não acontece a menos que seja modelada, comunicada, ensinada, medida, reconhecida e recompensada.

> **Questão-chave:** Como você pode remover a barreira da ansiedade de aprendizagem a ponto de o membro mais inibido e temeroso da equipe se apresentar e se envolver?

Sua equipe pode ser primorosamente dotada de pessoas brilhantes e recursos abundantes, mas se os indivíduos não se sentirem à vontade para sondar, estimular, cutucar, criar pilotos e protótipos, fazer perguntas tolas, tensionar e errar, eles não se aventurarão.[18] A segurança do aprendiz é importante porque incentiva esses comportamentos específicos de aprendizado. O que é ainda mais impressionante é que ela pode agir como um agente de nivelamento invi-

Estágio 2: Segurança do Aprendiz

sível para remover a hesitação e reduzir a ansiedade que os funcionários muitas vezes sentem ao pedir ajuda daqueles que poderiam literalmente demiti-los.[19] No final, cada um de nós tem a opção de cultivar ou destruir, nutrir ou negligenciar, estimular ou sufocar a segurança do aprendiz.

Conceitos-chave

- A verdadeira definição de devastação é ninguém se importar quando você falha.
- Em quase todos os casos, os pais e as escolas falham com os alunos antes que os próprios alunos reprovem.
- Enquanto a escola insegura é provavelmente um berçário de negligência, o local de trabalho inseguro é provavelmente um refúgio da humilhação.
- Um ambiente de aprendizagem hostil, seja em casa, na escola ou no trabalho, é um lugar onde o medo provoca o instinto de autocensura e interrompe o processo de aprendizagem.
- Quando o ambiente pune em vez de ensinar, seja por negligência, manipulação ou coerção, os indivíduos tornam-se mais defensivos, menos reflexivos e menos capazes de se autodiagnosticar, autotreinar e autocorrigir. Isso introduz o risco de um fracasso real — o fracasso em continuar tentando.
- O imperativo moral para garantir a segurança do aprendiz é agir primeiro, incentivando o aluno a aprender. Seja o primeiro impulsionador.
- As expectativas moldam o comportamento em ambas as direções. Quando você define seus padrões, sejam altos ou baixos, as pessoas tendem a segui-los.
- O fracasso não é a exceção, é a expectativa e o caminho a se seguir.
- Os seres humanos processam de modo social, emocional e intelectual ao mesmo tempo.
- O sinal mais importante para conceder ou negar a segurança do aprendiz é a resposta emocional do líder à discordância e más notícias.
- Protegemos nosso eu social e emocional com sofisticados sistemas de vigilância pessoal.

Os 4 Estágios da Segurança Psicológica

- A garra por si só não superará uma lacuna de aprendizado. A segurança do aprendiz é essencial.
- A mente preconceituosa é voluntariamente cega.

Questões-chave

- Quantos alunos você conhece que florescem academicamente enquanto sofrem emocionalmente?
- Você já teve um professor que confiava mais na sua capacidade de aprender do que você? Como isso influenciou sua motivação e esforço?
- Quando você começa a trabalhar com novas pessoas, você julga a aptidão delas imediatamente ou suprime esse impulso?
- Sua equipe pune o fracasso? Você pune o fracasso?
- Você aprende tanto ou mais com seus fracassos quanto com seus sucessos?
- Você já teve um professor em sua vida que criou segurança do aprendiz e o levou a um novo nível de desempenho?
- Quando foi a última vez que você criou um ambiente de aprendizagem estimulante para a curiosidade e motivação de outra pessoa?
- Você consegue pensar em uma pessoa que desempenhou um papel fundamental em sua vida, criando segurança do aprendiz e acreditando em sua capacidade de aprender?
- Como você pode remover a barreira da ansiedade de aprendizagem a ponto de o membro mais inibido e temeroso da equipe se apresentar e se envolver?
- O seu modelo é o líder como aprendiz ou o líder como oráculo? Você demonstra uma disposição de aprendizagem agressiva e autodirigida?

ESTÁGIO 3
Segurança do Colaborador

"Vejo-nos como parceiros em tudo isso, e que cada um de nós contribui e faz o que pode fazer de melhor. E então não vejo um degrau superior e um degrau inferior — vejo tudo isso horizontalmente — e vejo isso como parte de uma matriz."

— Jonas Salk

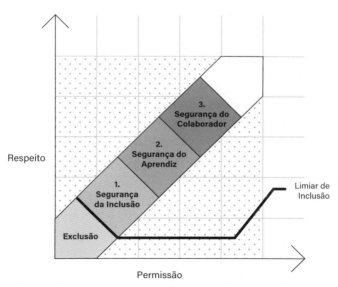

Figura 7. A terceira etapa no caminho para a inclusão e a inovação

A Hora é Agora

Você já esteve em uma equipe esportiva, mas não conseguiu jogar? Em vez disso, teve que assistir do banco. Qual é a sensação de ficar na reserva? Se seus companheiros de equipe o aceitassem, você teria segurança da inclusão. Se treinasse com afinco, teria segurança do aprendiz. Mas se você nunca jogou, não teria segurança do colaborador (veja figura 7 na página anterior).

Sentar no banco é um estado de suspensão entre a preparação e o desempenho. É social e emocionalmente doloroso. Então, um dia, o treinador dá um tapinha no seu ombro e diz: "Entre no jogo." Em um instante, você está em campo. Não está mais assistindo, está contribuindo. Nesse momento, a satisfação substitui a suspensão. Você não está mais se preparando para algo que nunca vem.

> **Conceito-chave:** Exceto para aqueles que podem estar paralisados pelo medo ou ansiedade, os seres humanos têm um impulso de participação profundo e implacável.

No estágio 1, segurança da inclusão, aceitamos o indivíduo com base em sua humanidade. No estágio 2, segurança do aprendiz, incentivamos o aprendizado do indivíduo também com base em sua humanidade e, em seguida, incentivamos esse indivíduo a se envolver no processo de aprendizagem. Mas o estágio seguinte da segurança psicológica não é um direito natural. Em vez disso, é um privilégio conquistado com base no desempenho demonstrado. Com a segurança do colaborador, proporcionamos autonomia em troca de desempenho. Você será empoderado se puder entregar resultados. A segurança do colaborador marca o fim da aprendizagem e o início de uma atuação sólida e independente. É hora de oferecer algo significativo. O líder concede segurança do colaborador quando o indivíduo tem habilidade para fazer o trabalho. Em termos de negócios, significa que o indivíduo é um ativo e não um passivo para a equipe, um contribuinte líquido que oferece um retorno positivo sobre o investimento. A organização concede respeito e permissão com base na capacidade do indivíduo de criar valor.

A segurança do colaborador exige mais de ambas as partes. Este é um investimento mútuo em que o indivíduo investe esforço e habilidade, e a equipe investe apoio, orientação e direção. Quando a progressão para a segurança do

Estágio 3: Segurança Do Colaborador

colaborador funciona, a equipe empodera o indivíduo e diz: "Vá e faça!" Da mesma forma, o indivíduo neste momento está preparado e desenvolveu um desejo maior de contribuir e diz: "Deixe-me fazer isso." Essa é a situação atual com meu filho, que recentemente recebeu sua carteira de motorista. Ele passou no teste teórico e prático. Sua mãe e eu registramos quarenta horas de prática de direção diurna e oito horas de prática de direção noturna com ele para atender aos requisitos da habilitação.

A essa altura, não seria natural que ele me dissesse: "Pai, você pode me levar até a casa do meu amigo?" Ele vai querer pegar o volante. E é assim que deve ser.

Conceito-chave: A preparação para agir cria o desejo de agir.

É por isso que você não pode se contentar em ficar na reserva para sempre. A troca social nesta terceira etapa é pautada pela autonomia em agir. Mas se o indivíduo não tiver desempenho, a organização recua para a segurança do aprendiz. Depois de entrar no jogo, você precisa agir por si só ou logo estará na reserva novamente. Por outro lado, se puder contribuir, mas nunca tiver a chance, decidirá viver com essa realidade ou encontrará outra equipe.

A segurança do colaborador é, portanto, a ativação plena do contrato social. Uma vez que o indivíduo se gradua do status de *trainee*, ele espera ser tratado como um membro de pleno direito da equipe, e a organização espera uma contribuição significativa. Se a segurança do aprendiz é o estágio de preparação, a segurança do colaborador é o estágio de desempenho. Passar para ela é o sinal de que chegou a hora, que a equipe está confiando em você para desempenhar o papel que lhe deu. A organização espera que você aja por si só e tenha um desempenho competente.

A unidade básica de desempenho no século XXI é a equipe. É provável que você participe como membro de inúmeras equipes íntegras e multifuncionais durante sua vida profissional. Em algumas, você terá afinidades; em outras, ampliará os horizontes. Na verdade, à medida que as organizações ficam mais horizontais, torna-se mais comum ser membro de várias equipes ao mesmo tempo.[1] Independentemente da natureza do trabalho que você faz e da equipe da qual faz parte, esse terceiro estágio de segurança psicológica sempre será a base do desempenho.

Os 4 Estágios da Segurança Psicológica

Execução versus Inovação

Se a segurança do aprendiz estimula a preparação e a segurança do colaborador estimula o desempenho, o que exatamente queremos dizer com *desempenho*? A resposta é: execução e inovação.

Conceito-chave: As organizações se envolvem em apenas dois processos — execução e inovação. A execução é a criação e entrega de valor hoje, enquanto a inovação é a criação e entrega de valor amanhã.

As diferenças nesses dois processos são fundamentais. A execução é sobre economizar trabalho e dimensionar processos. Trata-se de controlar e eliminar a variabilidade para alcançar a eficiência. A inovação é o oposto. É sobre liberdade, imaginação, criatividade e a introdução da variabilidade. Como a execução é mais sobre padronização e a inovação é mais sobre desvio, há uma tensão natural e uma troca entre os dois. A distinção fundamental entre execução e inovação é verdadeira, seja se tratando de uma corporação multinacional ou de uma filial local da associação de produtores de cogumelos shitake. Isso significa que a segurança do colaborador é apenas uma questão de execução e não de inovação? Não exatamente. É aqui que a progressão da segurança psicológica fica ainda mais interessante.

A inovação pode ser dividida em termos ofensivos e defensivos. A inovação ofensiva é proativa, enquanto a inovação defensiva é reativa. Ambas são respostas a desafios adaptativos, e são apenas formas diferentes.

Conceito-chave: A inovação ofensiva é uma resposta a uma oportunidade, enquanto a inovação defensiva é uma resposta a uma ameaça ou crise.

Na inovação ofensiva, você escolhe a mudança. Na defensiva, é a mudança que escolhe você. Por que a distinção importa? Porque a inovação defensiva é uma parte natural da segurança do colaborador, enquanto a inovação ofensiva não é. A figura 8 ilustra essas duas formas.

Estágio 3: Segurança Do Colaborador

Figura 8. Inovação defensiva versus ofensiva nos estágios 3 e 4

Quando eu era o gerente de fábrica da Geneva Steel, vendíamos chapas de aço para a Caterpillar. Eles as usavam para fazer peças para os grandes equipamentos que fabricavam. A certa altura, eles nos informaram que a qualidade da superfície do nosso aço laminado não era mais aceitável. Eles estavam refinando seus parâmetros de qualidade e nós poderíamos descobrir uma maneira de atendê-los ou eles encontrariam outro fornecedor. Então aqui estávamos nós, confrontados com um novo desafio adaptativo. Nesse caso, era uma ameaça que rapidamente beirava a crise. Ainda me lembro de convocar nossa equipe para a primeira reunião de emergência. Todos trabalharam juntos — os operadores; os engenheiros de processo, químicos, metalúrgicos e de qualidade; o pessoal da manutenção — todos tentando descobrir como remover pequenos defeitos no nível da superfície. Não só precisávamos de uma boa análise da causa raiz e uma ação corretiva, precisávamos de inovação defensiva e precisávamos agir rápido.

Esse exemplo é típico do que acontece em quase todas as organizações. As demandas dos stakeholders mudam, as preferências do consumidor evoluem, surgem novos concorrentes, a demografia muda, a tecnologia acelera. Ou nos engajamos em inovação defensiva para permanecer no jogo ou desistimos porque não temos segurança do colaborador suficiente para discutir com franqueza erros ou melhorias. A razão pela qual a inovação defensiva faz parte da segurança do colaborador é que é mais arriscado não fazer nada do que formular uma resposta.

Conceito-chave: Quando uma ameaça externa desafia o status quo, o medo natural de desafiá-lo é substituído pelo instinto de sobrevivência.

Os 4 Estágios da Segurança Psicológica

Nesse ponto, queremos e esperamos por uma inovação defensiva. Você não está mais assumindo um risco pessoal para desafiar o status quo. Pode agradecer a uma força externa por realizar essa tarefa para você. Nesse caso, foi a Caterpillar e, uma vez que eles lançaram o desafio, não houve medo associado a desafiar o status quo. A sobrevivência estava agora em jogo.

Para quase todas as equipes ou organizações que observei, esse padrão é verdadeiro. Engajar-se na inovação defensiva para sobreviver está dentro das expectativas normais. Você raramente se sente ameaçado internamente quando é ameaçado externamente.

Questão-chave: Você já enfrentou uma ameaça externa que removeu o medo de desafiar o status quo?

Na verdade, ameaças externas nos unem. Eles atuam como um agente de alinhamento, fornecendo o perigo claro e presente de um inimigo comum. A inovação proativa, no entanto, é outra questão. Envolve muito mais risco pessoal e, portanto, um nível mais alto de segurança psicológica baseado em níveis mais altos de respeito e permissão. Isso, é claro, é a preservação da segurança do desafiante, que discutiremos no próximo capítulo. Para resumir, então, a segurança do colaborador promove a execução e a inovação defensiva, mas fica aquém de abordar o nível mais alto de risco e vulnerabilidade que geralmente é necessário para a inovação ofensiva.

Autonomia Guiada em Troca de Resultados

O contrato social para o terceiro estágio da segurança do colaborador troca autonomia por desempenho. A unidade social confere ao indivíduo maior independência e propriedade, pois ele demonstra a capacidade de contribuir com base não apenas no conhecimento e habilidades adquiridos, mas também em bons hábitos de trabalho e acompanhamento disciplinado — tanto *know-how* quanto confiabilidade. Em suma, quando passamos para o estágio colaborativo, passamos para um nível mais alto de responsabilidade individual (veja tabela 3). Qualquer indivíduo que passar para o estágio de colaborador é responsável pelo produto de trabalho, resultados e entregas. Meus filhos adolescentes têm tarefas diárias e semanais para realizar, instrumentos musicais

Estágio 3: Segurança Do Colaborador

para praticar, lição de casa para fazer e cães para alimentar. Quanto maior o desempenho, maior a autonomia.

Independente do desempenho do indivíduo, mantemos a responsabilidade moral de garantir a segurança da inclusão e a segurança do aprendiz, desde que o indivíduo seja cortês e esteja disposto a aprender. A moralidade da segurança do colaborador, no entanto, é diferente porque o indivíduo tem uma responsabilidade maior. Trata-se de um investimento mútuo do indivíduo e da unidade social, não um direito natural, e não algo a que os seres humanos têm direito em virtude de sua condição humana. Você deve conquistá-la, e é um instinto para os líderes conceder mais autonomia à medida que outros seres humanos sob sua responsabilidade se tornam mais independentes e entregam os resultados esperados. Minha esposa e eu frequentemente lembramos nossos filhos que a paternidade é a transferência gradual de responsabilidade, e quanto mais cedo nossos filhos estiverem dispostos a assumi-la, mais cedo estaremos dispostos a cedê-la.

Tabela 3   **Estágio 3**   **Segurança do Colaborador**

Estágio	Definição de Respeito	Definição de Permissão	Troca Social
1. Segurança da Inclusão	Respeito pela humanidade do indivíduo	Permissão para o indivíduo interagir como ser humano com você	Inclusão em troca de status de humano e ausência de dano
2. Segurança do Aprendiz	Respeito pela necessidade inata do indivíduo de aprender e crescer	Permissão para o indivíduo se envolver em todos os aspectos do processo de aprendizagem	Incentivo a aprender em troca de engajamento no processo de aprendizagem
3. Segurança do Colaborador	Respeito pela capacidade do indivíduo de criar valor	Permissão para o indivíduo trabalhar com base em seu próprio julgamento e independência	Autonomia guiada em troca de resultados

Os 4 Estágios da Segurança Psicológica

Conceito-chave: Quando você é competente e disposto a se responsabilizar, está pronto para receber a segurança do colaborador.

Com a segurança do colaborador, a organização assume o risco em nome do indivíduo, de quem se espera contribuição. Quando algo dá errado, a responsabilidade associada ao risco de falha normalmente recai sobre a organização e não sobre o indivíduo. Se a equipe de desenvolvimento de software da minha empresa oferece uma solução cheia de bugs para um de nossos clientes, todos nós sofreremos com isso. Não é de surpreender que quanto maior o risco associado ao desempenho, menos autonomia concedemos, mesmo que tenhamos uma enorme confiança no indivíduo, em suas habilidades e em sua confiabilidade. Quando gerenciei a siderúrgica, tínhamos nada menos que 10 mil procedimentos operacionais padrão escritos, regendo todas as etapas do processo de fabricação do aço.

Se a organização conceder a segurança do colaborador da maneira correta, você pode esperar por ela quando merecê-la. Isso também significa que ela lhe será negada caso não esteja pronto ou esteja muito aquém. É por isso que esperamos para ver um histórico de desempenho consistente antes de garantir a segurança do colaborador ao todo. Na verdade, se o indivíduo não estiver preparado para fazer um trabalho, seria tolice oferecer segurança do colaborador a ele. Fazemos isso gradualmente com base no desempenho para gerenciar o risco ao longo do caminho.

Questão-chave: Você já concedeu segurança do colaborador rápido demais quando a pessoa não tinha a habilidade ou não estava disposta a assumir a responsabilidade pelos resultados?

Fazendo a Transição para a Colaboração

Em muitas organizações, a transição para a segurança do colaborador corresponde à conclusão do treinamento formal e à obtenção de uma credencial que certifica que o indivíduo está pronto para desempenhar um trabalho, papel ou função específica. Por exemplo, médicos, advogados, professores, engenheiros, pilotos de avião, pedreiros, contadores e, às vezes, até designers florais devem passar por exames de certificação para demonstrar competência e serem admitidos como membros de suas sociedades profissionais. Mas há ainda mais

Estágio 3: Segurança Do Colaborador

funções que não dependem de credenciamento formal e admissão — o profissional de golfe, o âncora de telejornal, o treinador da liga infantil, o barista e o instrutor de surfe. E também há algumas funções em que as credenciais são opcionais — chef de cozinha, guia de rio, paisagista ou personal trainer. A transição da preparação para a atuação pode ser formal ou informal, podendo ocorrer de forma gradual ou imediata (veja a tabela 4).

Tabela 4 **Formas de Transição da Preparação para a Atuação**

Formal Imediata	**Formal Gradual**
(Advogado)	(Repórter)
Informal Imediata	**Informal Gradual**
(Atleta)	(Pais)

Formal imediata. Tornar-se um advogado requer cinco anos de faculdade de direito, mas você está autorizado a exercer a advocacia somente depois de passar no exame da ordem. A transição para o estágio colaborativo é formal e imediata após a aprovação no exame. Você certamente não é um advogado experiente, mas possui o mínimo de conhecimento e habilidades para desempenhar a função.

Formal gradual. Exemplos de transições graduais formais para a atuação são menos comuns porque um processo formal implica um evento ou medida de algum tipo para identificar a mudança. Uma transição gradual formal geralmente envolve um julgamento qualitativo, em vez de quantitativo, da capacidade do indivíduo de realizar um trabalho. Por exemplo, trabalhei com um jornal que contratou um novo jornalista para escrever artigos. A contratação e nomeação para o cargo de repórter foi formal, mas esse repórter foi inicialmente considerado um repórter em fase de aprendizado. A transição para se tornar um redator de artigos relevantes e assumir histórias aprofundadas foi um processo gradual supervisionado pelo editor-chefe. Não houve teste ou certificação, mas sim uma transição lenta baseada no amadurecimento da capacidade jornalística do indivíduo. Muitos empregos no mundo dos negócios são assim: você é nomeado para um cargo, mas uma grande lacuna de habilidades ainda precisa ser preenchida antes que você possa contribuir com competência na função.

Os 4 Estágios da Segurança Psicológica

Informal imediata. Uma mudança informal imediata para o desempenho é aquela em que não há credenciamento formal ou nomeação para acompanhar a transição. Isso geralmente acontece quando as necessidades surgem em tempo real devido a uma escassez ou um aumento na demanda. Alguém precisa intervir e preencher a necessidade. Por exemplo, um atleta se machuca e seu substituto é chamado para o jogo imediatamente. Um funcionário sai inesperadamente de uma organização e você é convidado a liderar a equipe.

Informal gradual. Finalmente, uma transição informal e gradual para a contribuição talvez seja o padrão mais comum de todos. Ela representa o processo natural de amadurecimento para um desempenho superior. Os papéis mais importantes que tenho na vida são os de marido e pai. Ironicamente, nessas responsabilidades mais cruciais, não sou formalmente credenciado, licenciado ou certificado. Agora é verdade que o dia do meu casamento marcou o dia em que me tornei marido, mas não me qualificou para me tornar um. Da mesma forma, tornei-me pai formalmente no momento em que meu filho nasceu, mas, de novo, o evento de seu nascimento não coincidiu com meu desempenho competente como pai. Ter o papel não significa que você pode atuar no papel. Em ambos os casos, eu tinha muito a aprender. Assumi esses papéis antes de estar adequadamente preparado para eles. Mas isso não é verdade com a maioria dos papéis, cargos e atribuições na vida? Não temos muitas vezes que crescer neles?

Três Níveis de Responsabilidade

A troca de autonomia por resultados que define a segurança do colaborador é uma troca que aumenta em escala e escopo à medida que o indivíduo aprende a contribuir mais. A concessão da segurança do colaborador segue um padrão consistente no qual a unidade social dá autonomia com base em três níveis de responsabilidade — tarefa, processo e resultado (veja tabela 5).

Tabela 5   **Os Três Níveis de Responsabilidade**

3. Resultado

2. Processo

1. Tarefa

Estágio 3: Segurança Do Colaborador

Se tivermos um bom desempenho consistente em um nível, a organização tenderá a avançar para o próximo. Deixe-me ilustrar com minha carreira quando adolescente. Meu primeiro trabalho foi colher damascos em um grande pomar em Cupertino, Califórnia. Eu carregava dois baldes de metal até as árvores, enchia-os com damascos e depois os trazia de volta para o supervisor, que os despejava em caixotes de madeira. Dois baldes cheios encheriam um caixote. Eu estava confinado à responsabilidade de tarefa neste trabalho e nunca me especializei para lidar com o processo.

No ensino médio, encontrei um emprego de verão em uma equipe de jardinagem. Passávamos os dias cuidando de jardins de casas e empresas. Assim que aprendi as tarefas, meu chefe me elevou à responsabilidade no nível do processo. Cortávamos, e aparávamos a grama, capinávamos e revirávamos os canteiros de flores. Ele delegou mais responsabilidades à medida que demonstrávamos a habilidade e a vontade de realizar o trabalho no nível do processo. Com o tempo, passamos para a responsabilidade no nível do resultado, quando ele se sentiu confiante de que poderia nos deixar em uma propriedade e dizer: "Façam um bom trabalho. Estarei de volta para buscá-los em duas horas."

À medida que avançamos em direção à responsabilidade pelos resultados, como realizamos nosso trabalho, como realizamos nossas tarefas e como gerenciamos projetos e processos não importa tanto. É sobre o resultado. Quando me matriculei na pós-graduação, os novos doutorandos foram convidados para uma reunião na primeira semana. Ainda me lembro de ouvir o vice-reitor falar sobre os mistérios daquela antiga instituição. Não consigo me lembrar de nada do que ele disse, exceto de uma coisa que estará para sempre gravada em minha memória. Após seu longo discurso, ele disse: "Por favor, entendam que apenas um em cada três de vocês concluirá com sucesso o doutorado. O resto de vocês vai desistir ou fracassar. Bem-vindos à Universidade de Oxford!"

Naquele momento, considerei seriamente em pegar um ônibus para Heathrow e embarcar em um avião de volta para os Estados Unidos. Felizmente, fiquei e aprendi que ele não havia exagerado. Também aprendi que o modelo de responsabilidade de Oxford era um modelo baseado puramente em resultados. Eles concederam autonomia guiada com a expectativa de que você faria uma contribuição original ao conhecimento em seu campo. Eles levavam isso muito a sério, e meu orientador acadêmico era a personificação desse modelo. Ele estava bastante disposto a me ajudar, mas só concordava em marcar uma reunião

Os 4 Estágios da Segurança Psicológica

se eu tivesse algo para mostrar a ele. Havia orientação, mas sem nos levar pela mão, sem mimos e, o mais importante, sem atalhos.

Conceito-chave: A troca da autonomia pautada em resultados é a base do desempenho humano.

Esta tem sido a expectativa consistente da minha vida profissional. Quando me tornei gerente de uma empresa de consultoria com sede em São Francisco, meu chefe estava em Boston e eu o via quatro vezes por ano. Ele raramente me fazia perguntas do tipo "como", mas sempre me fazia perguntas do tipo "o quê" e "por quê". A cada trimestre ele perguntava: "Qual é a sua visão? Qual é a sua estratégia? Quais são seus objetivos e por quê?" Se minhas respostas fossem aceitáveis, ele diria: "Ótimo, até o próximo trimestre." Se eu tivesse um problema, ele mergulharia mais fundo comigo, mas ele estava me pagando pelos resultados, e eu entendia isso. Como você pode ver, a segurança do colaborador é baseada na confiança, que é uma compreensão preditiva sobre a maneira como uma pessoa se comportará. Meu chefe me dava autonomia se eu entregasse resultados.

Questão-chave: Que resultados você espera entregar com base na troca de autonomia guiada por resultados?

Zona Azul e Zona Vermelha

Cada pessoa possui cinco características exclusivamente humanas:

- **Motivação: Seu desejo de agir.** Motivação é o combustível para a ação.

- **Volição: Seu poder de escolher e agir por si mesmo.** Por exemplo, agora você pode optar por continuar lendo. Por favor, continue lendo.

- **Cognição: O processo mental de aprendizagem** e a capacidade do pensamento moral e racional. Como vamos fazer isso? Por meio de nossos pensamentos e dos cinco sentidos.

- **Emoção: Seu estado de sentimento.** Por exemplo, você pode sentir alegria, amor, medo, surpresa ou raiva, o que pode ser causado por seus próprios pensamentos e pelas circunstâncias em que está.

Estágio 3: Segurança Do Colaborador

- **Apreensão: O estado de estar consciente ou atento a si mesmo,** seus pensamentos e sentimentos, e o mundo ao seu redor. Uma coisa é estar ciente, mas os humanos também têm a capacidade de estar cientes de sua própria consciência.

Dadas essas características definidoras, percebemos que todos somos responsáveis pela própria atenção, atividade e esforços. É uma questão de critério pessoal contribuir ou fazer corpo mole. Trata-se de um esforço discricionário, que é a parte do esforço que você escolhe dar além do simples cumprimento. Você decide. Quando uma pessoa restringe a segurança do colaborador de uma forma que nos faz congelar nossos esforços discricionários devido ao medo e ao potencial de danos sociais e emocionais, chamamos isso de zona vermelha. Por outro lado, quando uma pessoa concede segurança do colaborador de uma forma que tende a permitir o esforço discricionário, chamamos isso de zona azul (veja tabela 6).

Tabela 6   **Descrições de Zona Azul/Zona Vermelha**

Zona Azul	Zona Vermelha
Colaboração	Competição
Alinhamento	Cisões
Engajamento	Silêncio
Confiança	Medo
Assumir riscos	Aversão aos riscos
Feedback rápido	Feedback lento e filtrado
Renovação e resiliência	Burnout
Gerenciamento do estresse	Estresse debilitante
Independência	Autossabotagem
Iniciativa e desenvoltura	Desamparo aprendido
Criatividade	Complacência

Certo verão, quando eu era estudante universitário, aceitei o convite de meu amigo Joe Huston para trabalhar em uma fazenda de uvas de mesa no vale de San Joaquin, na Califórnia. Eu não percebi que estava entrando em uma zona azul. Trabalhávamos dez horas por dia sob o sol quente nos arredores da pequena cidade de Arvin, sob a supervisão do pai de Joe, Boom Huston,

Os 4 Estágios da Segurança Psicológica

gerente-geral da El Rancho Farms, uma grande operação que incluía empacotamento e armazenamento a frio. Os universitários trabalhavam ao lado dos trabalhadores imigrantes em uma equipe integrada. Não havia distinções arbitrárias entre nós. Trabalhávamos nas mesmas tarefas, cumpríamos os mesmos horários e ganhávamos o mesmo salário. A única diferença real era o almoço. A carne assada, as tortilhas e o molho picante nas marmita deles eram muito melhores do que qualquer coisa que eu levava na minha.

A princípio, pensei que era simplesmente uma questão de obrigação profissional que Boom tratasse a todos nós com igual respeito, mas ia além disso. Ele ofereceu um churrasco para os trabalhadores em sua casa e todos foram convidados, de novo, sem distinções arbitrárias de qualquer tipo.[2] Não havia tratamento preferencial, apenas uma consideração igual por todos. O ethos igualitário que Boom criou gerou trabalhadores altamente engajados que estavam dispostos a liberar todos os seus esforços discricionários.

Questão-chave: Você respeita apenas os grandes realizadores e os altamente instruídos, ou reconhece que insights e respostas podem vir das pessoas mais improváveis?

Eu nunca vi as pessoas trabalharem e sorrirem tanto. O ambiente de trabalho criado por Boom afirmava sua condição igualitária com os demais trabalhadores, independentemente do nível socioeconômico. Ele ofereceu encorajamento paciente para que eles aprendessem as habilidades para fazer um trabalho sem medo de uma resposta depreciativa. E, por fim, concedeu autonomia para os resultados. Boom exigia padrões elevados e administrava uma operação limpa e organizada, mas não microgerenciava desnecessariamente. A segurança do colaborador que ele criou impulsionou nosso desempenho. Os universitários perderam a arrogância e os imigrantes tiveram uma sensação muito real de que não eram cidadãos de segunda classe. Nossa relação de trabalho estava em pé de igualdade.[3]

Agora você pode dizer a si mesmo neste momento: "Isso é bom. Todos trabalharam duro e tiveram um bom desempenho porque Boom os fez se sentir bem consigo mesmos." Se essa fosse a conclusão, estaríamos desconsiderando a outra metade da equação. Boom elevou o desempenho em termos de produção bruta, mas fez mais do que isso. Ele plantou uma mentalidade pós-industrial

Estágio 3: Segurança Do Colaborador

em um ambiente agrícola pré-industrial. Boom era filho do *dust bowl*, uma época de extrema seca que assolou os Estados Unidos na década de 1930, seus pais, que não concluíram o nono ano, imigraram para a Califórnia em um Ford Model A e se estabeleceram em Salinas. Tendo crescido como um lavrador de melão e se juntando ao sindicato United Packinghouse Workers aos 13 anos, Boom criou uma zona azul a partir de um senso de justiça e equidade profundamente internalizado.

A zona azul que ele criou eliminou o medo, permitindo que as pessoas dessem e recebessem feedback construtivo e colaborassem abertamente em vez de competirem em silêncio.[4] Isso encorajou as pessoas a se posicionar, pedir esclarecimentos, e até mesmo falar sobre erros.[5] Veja bem, basta um pouco de medo para criar uma equipe amedrontada.

Conceito-chave: Equipes amedrontadas entregam sua força de trabalho, mas não seu coração.

Elas se tornam equipes que obedecem cegamente. Trata-se de um passado que perdura com tanta força no presente que o "despotismo do costume" impede a realização humana, como observou John Stuart Mill durante a Revolução Industrial na Inglaterra. Se estou exagerando, por que, então, a Gallup continua relatando que 85% dos funcionários em todo o mundo "não estão engajados ou estão ativamente desengajados no trabalho", resultando em uma tendência global de queda da produtividade no local de trabalho?[6] Por que lançamos constantemente campanhas antiassédio em nossas corporações? Temos algum trabalho a fazer.

Questão-chave: Você expressa algum gesto não verbal que possa marginalizar silenciosamente os outros e criar uma zona vermelha?

Afastei-me da minha experiência no Vale Central da Califórnia com a convicção muito real de que a maioria das pessoas liberará seus esforços discricionários se estiver trabalhando em um clima de segurança do colaborador. Se for dada a chance, elas produzirão excelentes resultados em troca de autonomia, orientação e apoio.

Os 4 Estágios da Segurança Psicológica

Questões-chave: Quando você trabalhou em uma zona azul? Quando trabalhou em uma zona vermelha? Como descreveria sua motivação em cada caso?

Cada pessoa regula seu próprio esforço discricionário, e o regulador interno que usamos é muito sensível à forma como os outros nos tratam. Certa ocasião, levei meu filho ao médico, um especialista respeitado. Ele entrou na sala, não fez contato visual conosco, não disse oi, nem mesmo levantou os olhos por cima da prancheta. "Ok, qual parece ser o problema?", perguntou ele. O médico rapidamente examinou meu filho e escreveu uma receita. E então ele se foi. Ao sairmos do consultório, meu filho se virou para mim e disse: "Pai, ele é um médico terrível e não quero mais voltar." Acontece que seu diagnóstico e tratamento estavam corretos. Ele era um médico competente. Mas isso não é todo o trabalho, não é mesmo? O que meu filho estava observando? Ele estava observando a interação humana. Por que ele teve uma reação negativa a esse médico? Suas habilidades eram de primeira linha, mas seu comportamento era distante ou indiferente.

Caso você se sinta tentado a descartar meu último exemplo como simplesmente uma questão de personalidade introvertida, que às vezes usamos como desculpa para nós mesmos, considere dois presidentes dos Estados Unidos — George Washington e Abraham Lincoln. Eles foram, segundo a estimativa de qualquer um, líderes incríveis que mudaram a história do mundo. Mas se olharmos mais de perto, percebemos que eles estavam a quilômetros de distância quanto a temperamentos e disposições básicas. Washington tinha uma presença imponente e ainda assim era um orador desajeitado. Lincoln, por outro lado, tinha uma presença desajeitada e era um orador imponente. Washington era majestoso, digno, formal, distante, quieto e reservado. Lincoln era informal e gentil, e aliviava o clima com piadas, humor e histórias. E, no entanto, apesar de suas grandes diferenças de personalidade, eles nutriam a segurança do colaborador. Ambos tinham a capacidade de recrutar as melhores pessoas e incitar seus melhores serviços, mesmo quando essas mesmas pessoas sentiam inveja e ressentimento em relação a eles.

Deixe-me repetir o ponto: não se isole da obrigação de criar segurança do colaborador porque você acha que pode não possuir certos dons de personalidade. Tive um professor de inglês no ensino médio, o Sr. Westergard, que eu

Estágio 3: Segurança Do Colaborador

achava ser um homem bastante austero. Ele não falava muito, e ainda assim eu podia sentir que ele me respeitava. Meu conselho seria evitar extremos. Se você for como o Spock no comportamento, as pessoas não saberão que você se importa. Se você é efusivo, a exibição emocional pode ser cansativa. Em qualquer situação, devemos exercitar a inteligência emocional governando nossas interações com compostura. No século IV a.C., Aristóteles nos ensinou sobre a necessidade desse equilíbrio e moderação. "As emoções podem ser sentidas em excesso ou serem escassas, e em ambos os casos isso não é bom; trata-se de senti-las nos momentos certos, com referência aos objetos certos, para as pessoas certas, com o motivo certo e da maneira certa."[7] Seja você mesmo. E dê o melhor de si.

> **Questão-chave:** Você tem uma noção clara de como suas atitudes e comportamentos são percebidos pelos outros? Mesmo que você pense que sim, peça a cinco pessoas que o conhecem bem para responder a essa pergunta.

Você Está Emocionalmente Preparado para Criar Segurança do Colaborador?

Em certa ocasião, fiz o que chamo de contratação por carisma: confundi talento retórico e carisma com liderança. Eu paguei o preço. Veja como foi: tive que demitir um gerente de vendas e estava procurando um substituto. Então me deparei com uma candidata muito experiente, refinada e altamente impressionante. Ela era uma superestrela no quesito educação, motivação e histórico — tudo o que normalmente indicaria certo sucesso. Além de tudo, ela tinha carisma — aquela qualidade inefável que pode ser tão perigosa porque é mais estilística do que substancial. Isso pode impedir que até mesmo líderes experientes façam perguntas difíceis sobre o histórico, a experiência e as qualificações de uma pessoa, transformando a devida diligência em negligência. Nessa ocasião, tornei-me voluntariamente cego. Essa mulher tinha uma presença tão imponente e foi tão convincente em sua afirmação de que poderia dobrar as vendas em dois anos, que fui sugado e passei os próximos dezoito meses me arrependendo.

Um mês depois de tê-la promovido, voltei ao escritório onde ela trabalhava com sua equipe. O clima no escritório era glacial. Meus funcionários estavam em silêncio, moviam-se em câmera lenta e estampavam sorrisos forçados no rosto. O que diabos havia acontecido no espaço de trinta dias? Comecei a falar com as pessoas em particular para descobrir. Como disse um dos funcionários, "o reino do terror havia começado". Lamentavelmente, embora essa nova executiva fosse incrivelmente talentosa, ela não estava emocionalmente preparada para criar segurança do colaborador. A realidade é que, independentemente de você estar em uma função de liderança ou de colaborador individual, você tem a responsabilidade de ajudar a criar segurança do colaborador para a equipe. Pergunte a si mesmo se você está emocionalmente preparado para fazê-lo.

> **Questão-chave:** Você consegue ficar genuinamente feliz pelo sucesso dos outros?

A pergunta que deve se fazer é por que alguém gostaria de ser liderado por você? Qualquer pessoa pode estabelecer regras e apontar que elas fazem parte do contrato social de ser um membro dessa família, dessa equipe, pit crew, SWOT ou equipe técnica. Mas ao agir assim, estará recorrendo à obediência e confessando sua incapacidade de motivar e convocar esforços discricionários. E quanto ao compromisso? Como fazer as pessoas quererem atingir um desempenho? Fazemos essa pergunta há milênios e sabemos pelo menos uma coisa: as pessoas precisam da segurança do colaborador.

Já vi muitos casos em que um ambiente assustador e cruel foi capaz de gerar muito trabalho Sim, mas de que tipo? Trabalho irracional, trabalho ressentido, trabalho de baixa produtividade. E por quanto tempo? Nunca vi um ambiente de trabalho tóxico produzir alto desempenho e sustentá-lo ao longo do tempo. Um ambiente tóxico é aquele em que os funcionários são motivados por ganhos pessoais a ponto de se envolverem em comentários maldosos, comportamento antiético, abuso e bullying.

> **Conceito-chave:** Um ambiente tóxico interrompe o desempenho porque as pessoas se preocupam com a segurança psicológica antes de se preocuparem com o desempenho.

Se estamos administrando o risco com prudência, e o indivíduo é capaz e está fazendo sua parte, devemos conceder o máximo de autonomia possível.

Estágio 3: Segurança Do Colaborador

Mas às vezes não fazemos isso. Por que alguém negligenciaria segurança do colaborador?

Questão-chave: Você já negligenciou a segurança do colaborador de alguém que a merecia?

Lembre-se, a segurança do colaborador é um privilégio conquistado. Apesar da prontidão de um indivíduo para contribuir com sua habilidade, competência e experiência, muitas vezes negamos isso por motivos ilegítimos, incluindo a arrogância ou insegurança do líder, tendência pessoal ou institucional, preconceito ou discriminação, normas prevalecentes da equipe que reforçam a insensibilidade, uma falta de empatia ou indiferença. A segurança do colaborador acontece quando o indivíduo é capaz de contribuir, e o líder e os membros da equipe são capazes de gerenciar seus egos.

Aumente Seus Poderes de Observação

Para promover o alto nível de segurança do colaborador necessária para uma zona azul, você deve conhecer os membros de sua equipe. Isso significa passar tempo com eles, estudar suas disposições individuais e depois ouvir atentamente o que eles dizem. Na verdade, se você ouvir o suficiente, as pessoas muitas vezes revelarão o que, de outra forma, esconderiam.

Finalmente, observe-os em ação e preste atenção à maneira como contribuem. Alguns de seus funcionários são colaboradores naturais. Eles prosperam no diálogo. E apreciam a resolução de problemas como um processo social. São brincalhões e adoram a espirituosidade de uma troca contundente. Mas outros não aguentam. Eles adoram a resolução de problemas como um processo interno. Adoram desconstruir problemas e pensar em soluções, mas não pensariam em brigar por tempo extra em uma discussão. Eles podem ser mais reflexivos e solitários, e ainda assim possuem habilidades de pensamento crítico de primeira linha.

Se você, como líder, não desenvolver poderes superiores de observação, se não observar a maneira como todos respondem às sugestões sociais, se acha que a liderança é uma performance e você é o show, sua cegueira pode ser um golpe fatal para sua equipe. Aqui está uma maneira de executar um diagnóstico rápido para verificar a si mesmo.

> **Conceito-chave:** Os líderes passam a maior parte do tempo envolvidos em indagações e defesas.

Ou você está tentando descobrir alguma coisa ou está tentando convencer os outros de que você descobriu. Isso é principalmente o que os líderes fazem. Obviamente, essas duas coisas se traduzem em dois padrões comportamentais claros. Quando você está envolvido em uma indagação, quando está tentando descobrir algo, quando está no modo de descoberta, o que está fazendo ao participar de um diálogo ou discussão? Isso mesmo, você está fazendo perguntas. Por outro lado, se você está engajado na defesa, tentando influenciar os outros em seu ponto de vista, o que você está fazendo? Certo de novo, você está ditando o que fazer. A figura 9 mostra o continuum entre dizer e perguntar.

O Continuum Entre Dizer e Perguntar

Qual é a sua proporção entre dizer e perguntar? Preste atenção em si mesmo por um dia ou mais e descubra o quanto você está dizendo em relação ao quanto está perguntando. Já participei de muitas reuniões em que o chefe está dizendo a todos o que fazer e todos concordam educadamente. Dizer é eficiente, mas rapidamente move o ouvinte para um modo passivo e pode retardar o aprendizado. Toda a cultura do futebol americano universitário está imersa em um modelo industrial de ditar o que fazer. Apenas observe as interações treinador-jogador: o treinador fala sem parar e os jogadores ficam lá e acenam com a cabeça no final de cada troca. Não é de admirar que demore tanto para desenvolver o QI do futebol.

Durante um período de quatro anos, passei horas intermináveis em treinos e reuniões de equipe, ouvindo treinadores e assistindo a filmes. Foi colaborativo? Era um diálogo de fato? Foi um engajamento intelectual ativo? Nem perto disso. A relação sinal-ruído (a quantidade de sinal em comparação com a quantidade de ruído de fundo) fica tão baixa que, como jogador, você simplesmente para de ouvir. A voz incessante do treinador acaba se tornando parte do barulho. Veja como geralmente acontece:

Estágio 3: Segurança Do Colaborador

"Clark, olhe para o ângulo do seu corpo. Você saiu da linha muito devagar. Não sei por que você posiciona a mão assim. Você deve se abaixar e conter seu impulso. Leia a postura do atacante. Veja quanto peso eles colocam nas mãos. Isso lhe dirá se é uma jogada de corrida. Veja o primeiro passo do tackle. O que ele está fazendo? Ele está tentando atrair você para dentro. Você sabe que eles executam esse jogo de armadilha em quase todas as séries." E isso continua indefinidamente. Você pode imaginar como nosso progresso teria acelerado se meus treinadores tivessem transitado do dizer para o perguntar, se eles me entregassem o controle remoto e dissessem: "Clark, aqui está a próxima jogada. Por favor, você poderia explicá-la?" Isso teria transformado a cultura e o desempenho.

Figura 9. Dizer e perguntar: os comportamentos opostos de um líder

Conceito-chave: A relação entre o dizer e o perguntar de um líder molda a relação sinal-ruído para a equipe. Se o líder está dizendo o tempo todo o que fazer, esse dizer se torna um ruído.

Consegue ver o risco disso? Algumas das pessoas mais maravilhosas e de bom coração que conheço estão presas no final do processo de instrução, e essa é a raiz do problema. Eles lideram equipes de pessoas talentosas, mas são incapazes de atraí-los porque estão em um modo de defesa crônico e perpétuo, o que reduz a relação sinal-ruído. Suas vozes se tornam ruído para seus ouvintes. Como eu disse, alguns membros da equipe estão dispostos a aceitar isso e entrar na briga, e é tudo muito divertido para eles. Mas os quietos, contemplativos, introvertidos e muitas vezes brilhantes acabam se ausentando, pois não estão em seu habitat natural.

Questão-chave: Qual é a sua proporção entre dizer e perguntar?

Os 4 Estágios da Segurança Psicológica

Escute com atenção, fale por último

Certa vez, trabalhei com um grupo de líderes de alto potencial em uma empresa de tecnologia no Vale do Silício. Eles foram indicados para participar de um programa de liderança de seis meses para acelerar seu desenvolvimento e prepará-los para mais responsabilidades. A equipe com a qual trabalhei teve que trabalhar virtualmente porque continha membros de quase todos os continentes. Como ponto culminante de sua experiência de grupo, eles receberam a tarefa de fazer uma importante recomendação estratégica para a equipe executiva da empresa. Havia finalmente chegado o tão esperado dia para a equipe fazer sua proposta. Os membros da equipe voaram de seus respectivos escritórios um dia antes para ensaiar sua apresentação. Eles trabalharam nos fins de semana e fizeram tremendos sacrifícios pessoais para chegar a esse ponto, e agora estavam prontos para fazer sua proposta.

Eles usaram cada segundo dos trinta minutos alocados para fazer uma apresentação bem pesquisada e lindamente coreografada. A agenda pedia trinta minutos de perguntas e respostas na sequência. Visivelmente exaustos e ainda assim satisfeitos com seu desempenho, eles se voltaram ansiosamente para a equipe executiva em busca de feedback. Para espanto de todos, o CEO falou primeiro. Em uma voz monótona e sem demonstração visual de emoção, ele disse com naturalidade que achava que a proposta era boa, mas custaria muito dinheiro para prosseguir. Ele falou por dez minutos sobre a estratégia e as prioridades da empresa. Você consegue adivinhar o que aconteceu em seguida? Isso mesmo. Nada. Os outros executivos não deram um pio. A reunião se desfez após o sermão do CEO e a equipe desanimada mudou-se para uma sala de conferências vizinha, onde passei a hora seguinte ajudando-os a aplacar a raiva e a frustração.

Na semana seguinte, conversei com vários executivos e pedi que informassem ao CEO que da próxima vez seria melhor que ele falasse por último, depois que os outros executivos tivessem feito suas perguntas e expressado suas opiniões.

Conceito-chave: Falar primeiro quando você detém o poder posicional censura sutilmente sua equipe.

Estágio 3: Segurança Do Colaborador

Não muito tempo depois, ouvi de volta que o feedback realmente havia sido entregue ao CEO. Bem, a história não termina aí. Fizemos o mesmo programa no ano seguinte. A nova equipe recebeu a mesma tarefa. Eles fizeram um investimento semelhante de tempo e esforço e chegaram no dia marcado para fazer sua apresentação. Após uma apresentação igualmente minuciosa e bem elaborada, o CEO fez a mesma coisa. Ele os calou nos primeiros cinco minutos de perguntas e respostas. Ele não foi rude ou cruel no que disse ou na maneira como disse. Mas, em virtude de sua posição, ele levou o processo a um fim rápido e humilhante. Ele foi obtuso, insensível e autoindulgente.

Questão-chave: Você está emocionalmente avançado para além da necessidade de se ouvir falar?

Ajude os Outros a Pensar para Além de Seus Papéis

Uma das coisas mais poderosas que você pode fazer para gerar segurança no colaborador é ajudar os membros de sua equipe a pensar além de suas funções individuais. Certamente, você já viu como os limites do papel de uma pessoa tendem a limitar o pensamento à função. Tornamo-nos pequenos e isolados em nossas perspectivas, em vez de subir em nosso balão de ar quente para ver o todo e como as partes se encaixam.

Quando as pessoas ingressam em uma organização, elas normalmente ingressam em uma equipe que faz parte de uma função ou departamento. E a primeira coisa que eles fazem é aprender a realizar tarefas básicas relacionadas ao seu papel específico. Se eu estiver na área de marketing, posso aprender a lançar uma campanha de anúncios no Google; se estou na contabilidade, a conciliar o inventário; se na área de compras, a avaliar um novo fornecedor em potencial; se na área de engenharia, a escrever um código para tornar nosso aplicativo mais compatível com dispositivos móveis; se eu estiver em vendas, posso aprender a fazer uma demonstração do produto. Deu para entender. A questão é que a maioria de nós cresce em organizações com uma mentalidade tática e baseada em tarefas. Desempenhamos nossos papéis e ficamos bons no que fazemos.

Mas cada vez mais, especialmente em ambientes altamente dinâmicos, a equipe precisa que contribuamos em nossas funções *e* pensemos além delas. O

Os 4 Estágios da Segurança Psicológica

que isso requer? Requer que tenhamos a habilidade e a vontade de fazer essa contribuição maior. Veja como o lado da habilidade normalmente funciona: um dia, a organização dá um tapinha no seu ombro e diz: "Ei, preciso que você pense estrategicamente. Vá e seja estratégico!" E você diz: "Isso parece ótimo. Como faço isso?"

"Não tenho certeza, mas vá fazê-lo", é a resposta.

Soa familiar? Esse cenário se repete várias vezes nas organizações. Então vamos recapitular. Para pensar além do seu papel, você precisa de habilidade e vontade. Eu deveria ter dito vontade e habilidade. A sequência importa. Você encontra pessoas tentando pensar e contribuir além de seus papéis se não se sentirem confiantes e seguras para pelo menos tentar?

> **Conceito-chave:** Antes que as pessoas possam sair de seus silos táticos e funcionais para pensar estrategicamente, elas devem ser liberadas pela segurança do colaborador que lhes é dada.

Certa vez, trabalhei com um cavalheiro que era o vice-presidente de compras de uma organização da Fortune 500. Ele dominava seu povo como se fosse o monarca e eles fossem camponeses. Em uma reunião, ele repreendeu seu pessoal por não pensar mais estrategicamente na estratégia geral de compras da empresa e na necessidade de apertar a lista de fornecedores aprovados. Na verdade, ele estava pedindo que eles pensassem e contribuíssem para além de seus papéis sem fornecer apoio. Ele tinha algumas pessoas com um potencial incrível. Voltei um ano depois e ele ainda tinha algumas pessoas com um potencial incrível.

Ajudar os outros a pensar para além de seus papéis começa com uma oportunidade e um convite direto. Em nossa empresa, convidamos a equipe de desenvolvimento de software a pensar em nossa estratégia de marketing. Convidamos o pessoal de vendas a pensar no desenvolvimento de software. Não é algo em que gastamos tempo todos os dias, mas pedimos deliberadamente a cada funcionário que pense para além de seu papel.

> **Conceito-chave:** O convite para pensar além de seu papel expressa maior respeito pelo indivíduo e concede maior permissão para contribuir.

Estágio 3: Segurança Do Colaborador

A forma como você faz isso faz toda a diferença. Você ainda precisa que as pessoas permaneçam focadas em seus papéis principais. Já vi alguns líderes se deixarem levar por um senso ilimitado de colaboração que resultou em caos. Seja deliberado sobre os tópicos ou desafios que deseja abordar e faça convites específicos para abordar esses problemas. Em seguida, convide permanentemente ideias e sugestões sobre qualquer aspecto do desempenho, com o entendimento de que você sempre será ouvido, mas nem sempre atendido.

Finalmente, para evitar que uma equipe caia no caos, o líder deve saber quando a dissidência construtiva está dando lugar ao descarrilamento destrutivo.

Conceito-chave: É trabalho do líder reconhecer a diferença entre o comportamento dissidente e o comportamento de descarrilamento, e gerenciar a fronteira entre os dois.

Uma coisa é discordar ou oferecer um ponto de vista alternativo com o intuito de contribuir com base no senso de onde a equipe está e se a alternativa é viável. Outra coisa bem diferente é discordar de uma maneira que perturbe o moral da equipe e não ajude no progresso geral. Aqueles que discordam construtivamente são guiados por um senso de autoconsciência e intenção pura. Aqueles que discordam destrutivamente são mal orientados por uma agenda pessoal e pela falta de autoconsciência.

Conclusão

Se você deseja promover uma zona azul de segurança do colaborador, crie um ambiente verdadeiramente colaborativo. Se seu estilo for pesado, sua comunicação, didática e seu ego, frágil, você queimará qualquer sementinha de segurança do colaborador que estiver começando a brotar. Lembre-se, você define o tom para o modo de execução da sua equipe. Se não é um líder por posição e deve liderar apenas por influência, o que é o caso da maioria de nós, crie a segurança do colaborador do mesmo modo.

O nível de segurança do colaborador em sua equipe é expresso pelo convite para contribuir que você estende a cada pessoa, para que entre em ação. Trata-se da sua cultura em evidência e de seu DNA em ação. É como você dá e recebe,

Os 4 Estágios da Segurança Psicológica

impulsiona e retém, fala e ouve, pergunta e responde, age e reage, analisa e resolve. Lembre-se, as pessoas querem participar do jogo!

Conceitos-chave

- Exceto aqueles que podem estar paralisados pelo medo ou ansiedade, os seres humanos têm um impulso de participação profundo e implacável.
- A preparação para agir cria o desejo de agir.
- As organizações se envolvem em apenas dois processos — execução e inovação. A execução é a criação e entrega de valor hoje, enquanto a inovação é a criação e entrega de valor amanhã.
- A inovação ofensiva é uma resposta a uma oportunidade, enquanto a inovação defensiva é uma resposta a uma ameaça ou crise.
- Quando uma ameaça externa desafia o status quo, o medo natural de desafiá-lo é substituído pelo instinto de sobrevivência.
- Quando você é competente e disposto a se responsabilizar, está pronto para receber a segurança do colaborador.
- A troca da autonomia pautada em resultados é a base do desempenho humano.
- Equipes amedrontadas entregam sua força de trabalho, mas não seu coração.
- Um ambiente tóxico interrompe o desempenho porque as pessoas se preocupam com a segurança psicológica antes de se preocuparem com o desempenho.
- Os líderes passam a maior parte do tempo envolvidos em indagações e defesas.
- A relação entre o dizer e o perguntar de um líder molda a relação sinal-ruído para a equipe. Se o líder está dizendo o tempo todo o que fazer, esse dizer se torna um ruído.
- Falar primeiro quando você detém o poder posicional censura sutilmente sua equipe.

Estágio 3: Segurança Do Colaborador

- Antes que as pessoas possam sair de seus silos táticos e funcionais para pensar estrategicamente, elas devem ser liberadas pela segurança do colaborador que lhes é dada.
- O convite para pensar além de seu papel expressa maior respeito pelo indivíduo e concede maior permissão para contribuir.
- É trabalho do líder reconhecer a diferença entre o comportamento dissidente e o comportamento de descarrilamento, e gerenciar a fronteira entre os dois.

Questões-chave

- Você já teve uma ameaça externa que removeu o medo de desafiar o status quo?
- Você já concedeu segurança do colaborador rápido demais quando a pessoa não tinha a habilidade ou não estava disposta a assumir a responsabilidade pelos resultados?
- Que resultados você espera entregar com base na troca de autonomia guiada por resultados?
- Você respeita apenas grandes realizadores e os altamente instruídos ou reconhece que insights e respostas podem vir das pessoas mais improváveis?
- Você expressa algum gesto não verbal que possa marginalizar silenciosamente os outros e criar uma zona vermelha?
- Quando você trabalhou em uma zona azul? Quando trabalhou em uma zona vermelha? Como descreveria sua motivação em cada caso?
- Você tem uma noção clara de como suas atitudes e comportamentos são percebidos pelos outros? Mesmo que você pense que sim, peça a cinco pessoas que o conhecem bem para responder a essa pergunta.
- Você consegue ficar genuinamente feliz pelo sucesso dos outros?
- Você já negligenciou a segurança do colaborador de alguém que a merecia?
- Qual é a sua proporção entre dizer e perguntar?
- Você está emocionalmente avançado para além da necessidade de se ouvir falar?

ESTÁGIO 4
Segurança do Desafiador

Toda sociedade tem seus protetores do status quo e suas fraternidades de indiferentes que são notórios por dormir durante as revoluções. Hoje, nossa própria sobrevivência depende de nossa capacidade de ficarmos acordados, de nos ajustarmos a novas ideias, de permanecermos vigilantes e de enfrentarmos o desafio da mudança.

— Martin Luther King Jr.

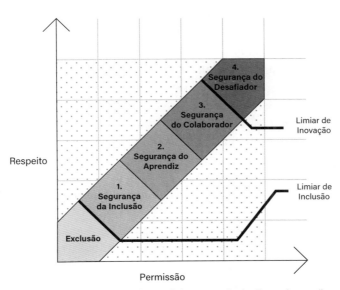

Figura 10. A última etapa do caminho para a inclusão e a inovação

A Neuroplasticidade das Equipes

Neurocientistas costumavam pensar que os circuitos do cérebro eram fixos. Desde então, eles aprenderam que os 100 bilhões de neurônios e os 100 trilhões de conexões entre esses neurônios operam de uma maneira incrivelmente flexível. O cérebro tem plasticidade e pode se reconectar. Uma equipe é nada menos que um grande cérebro. Mas as sinapses ocorrem entre pessoas e não entre neurônios. Da mesma forma, não há nada fixo ou programado quanto à velocidade ou aos padrões dessas conexões. As equipes são surpreendentemente plásticas, então não conhecemos de fato a capacidade natural de atuação de qualquer equipe. Simplesmente sabemos que podem nos surpreender porque a engenhosidade humana de um determinado grupo de pessoas é desconhecida e incognoscível. Mais do que qualquer outra coisa, a plasticidade da equipe reflete o comportamento de modelagem do líder. Se o líder reprimir a dissidência, as pessoas recuam tão previsivelmente quanto os cervos reagem a movimentos bruscos. Se o líder acomoda a dissidência, a capacidade de inovação da equipe aumenta. Coletivamente, a equipe possui órgãos sensoriais que reagem ao ambiente, adaptando-se a partir do processamento social, emocional e intelectual das condições que a cercam.

Questão-chave: Quais padrões do líder sua equipe adotou?

Certa vez, trabalhei com um CEO cuja equipe estava lutando para se adaptar a um setor em rápida mudança. Ele disse que sua equipe não era inteligente, curiosa ou empreendedora o suficiente. Quando sua amígdala dominou seu córtex pré-frontal, ele agiu com frustração. O teor da equipe mudou. Seus esforços para "impulsionar" a inovação sempre resultavam em um golpe de silêncio paralisante. À medida que o medo extinguiu a curiosidade, a equipe tornou-se preguiçosa, teimosa e lenta.

Conceito-chave: A segurança do desafiador democratiza a inovação.

Depois de apresentar resultados medíocres por alguns anos, esse senhor feudal foi demitido. Felizmente, tive o prazer de trabalhar com seu sucessor. A anatomia da equipe executiva não mudou, mas o ambiente sim. O novo líder introduziu uma nova tecnologia social — nada menos que a segurança do desafiador (veja figura 10 na página anterior). Ele nutriu respeito e permissão em

Estágio 4: Segurança do Desafiador

níveis surpreendentes. Derrubou as barreiras culturais à participação. A equipe estava um pouco nervosa no início, mas depois surgiu uma onda de produtividade sem precedentes. Veja bem, os humanos são projetados para responder à gentileza e à empatia.[1] Eles responderam com melhoria após melhoria, inovação após inovação. O novo CEO regenerou o sistema neurológico da equipe. A velocidade da informação aumentou. O processo cocriativo ganhou vida. A capacidade adaptativa surgiu. Ele levou os membros da equipe a patamares intelectuais que eles nunca conheceram. Como uma unidade, eles se tornaram mais artísticos e mais atléticos, mais disciplinados e mais exigentes e, finalmente, muito mais confiantes e conscientes de si mesmos.

Conceito-chave: Quando se trata de inovação, a conectividade aumenta a produtividade.

As mudanças na abordagem trouxeram mudanças nos resultados. Aí veio o fluxo de insights, conexões, associações, ideações, saltos inesperados e momentos de descoberta. Esta é a promessa da segurança do desafiador. Você pode fazer a mesma coisa que esse líder fez se encorajar o diálogo e tolerar emocionalmente a dissidência ao longo do caminho. Como as pessoas são criativas dentro de um contexto cultural, é trabalho do líder liberar esse contexto.[2]

Agora, aqui está o outro lado disso: embora o cérebro seja plástico, o padrão é a rigidez. O mesmo acontece com as equipes, o que significa que o passado permanece no presente. Os padrões iniciais de socialização e as normas originais tendem a ser incrivelmente teimosos e difíceis de substituir.

Conceito-chave: Socializar uma equipe com segurança do desafiador desde o início é sempre mais fácil do que ressocializar uma equipe posteriormente.

A mudança organizacional é um processo que passa por três camadas separadas — técnica, comportamental e cultural. Muitas vezes começamos alterando todas as três camadas ao mesmo tempo, mas cada uma muda em um ritmo diferente. A primeira é a camada estrutural ou não humana, ou o que chamamos de artefatos. Estes incluem sistemas, processos, estruturas, funções, responsabilidades, políticas, procedimentos, ferramentas e tecnologia. Essas coisas representam partes configuráveis e podem ser alteradas de forma re-

Os 4 Estágios da Segurança Psicológica

lativamente rápida com dinheiro e autoridade. Na camada comportamental, mudamos a maneira como as pessoas se comportam à medida que interagem com a camada técnica, e entre si, de novas maneiras. Mas simplesmente porque as pessoas estão se comportando de maneira diferente não significa que elas queiram ou que continuariam seguindo os novos padrões se tivessem escolha. Quando os artefatos impedem o comportamento, eles agem como andaimes e, uma vez que o andaime é removido, o comportamento reverte aos padrões passados — a menos que haja mudanças na camada cultural. Essa tendência de retroceder é o que chamamos de regressão à média. A terceira camada de mudança é a camada invisível, que consiste em valores, crenças e suposições.

Questão-chave: Você consegue pensar em uma mudança que você começou, mas não terminou, e acabou voltando ao seu comportamento original?

Em todas as unidades sociais, a camada cultural é a coisa mais difícil de mudar, é a que muda por último. É o seu indicador de atraso. Você pode impor mudanças e fazer com que as pessoas cumpram. Se o diretor médico de um hospital estiver observando, os médicos e enfermeiros lavarão as mãos para diminuir o risco de infecção hospitalar. Mas se o chefe se afasta, seu nível de conformidade cai imediatamente. Por quê? Porque eles não têm motivação intrínseca. Eles voltam aos seus padrões consolidados.

O comportamento da equipe é praticamente o mesmo. O que agrava o problema na segurança do desafiador é que você está pedindo às pessoas não apenas que mudem seu comportamento, mas que o façam em um ambiente de maior risco pessoal.

O Estágio da Bravura

O estágio culminante da segurança psicológica é o lugar onde o respeito e a permissão se cruzam no mais alto nível — uma zona superenriquecida dedicada à exploração e experimentação. Avançar da segurança do colaborador para a segurança do desafiador requer cruzar o "limiar da inovação" — um lugar onde o nível mais alto possível de segurança psicológica substitui o que normalmente seria um lugar habitado pelo maior medo. Mas criar segurança

Estágio 4: Segurança do Desafiador

do desafiador é muito mais difícil do que entendê-la. É a missão cultural derradeira de cada líder.

A segurança do desafiador é um nível de segurança psicológica tão alto que as pessoas se sentem empoderadas para desafiar o status quo, deixando suas zonas de conforto para colocar uma ideia criativa ou disruptiva na mesa, que por definição, é uma ameaça à maneira como as coisas são feitas e, portanto, um risco para si mesmas pessoalmente. Convidar as pessoas a desafiar o status quo é natural e antinatural. É natural no sentido de que os seres humanos são inatamente criativos. O biólogo Edward O. Wilson disse que a criatividade é "o traço único e definidor de nossa espécie".[3] O instinto criativo nos impulsiona a desafiar o status quo pelo desejo de criar e melhorar as coisas, mas fazer isso não é natural em um ambiente que percebemos ser inseguro. Se o ambiente for um poço de confiança espessa, seguiremos em frente com nosso desafio. Se for de pouca confiança, nosso instinto de autocensura é acionado e nos retiraremos da participação. A atmosfera atrai ou desliga o impulso criativo em desafiar. É assustador o suficiente dizer a verdade para pessoas no poder. É ainda mais assustador dar opinião ao poder porque há um risco pessoal maior de rejeição e constrangimento.

Recentemente, entrevistei um vice-presidente de um grande sistema de saúde. Ele disse que a organização era mais militarista do que os militares. Ele desafiou o status quo em uma questão de pessoal desde o início e mal viveu para falar sobre isso. "Pensei que tinha um cérebro, mas acho que não tenho", disse ele. "Nesta organização, você faz exatamente o que mandam, sem comentários." Entrevistei outra mulher que trabalhava em uma grande empresa de mídia na América do Sul. "Não podemos ser criativos", disse ela. "Se você não está na liderança sênior, não pode desafiar nada. Se fizer isso, está fora."

Claramente, nem todos os líderes estão convencidos de que a segurança psicológica é necessária para a inovação. Como resultado, alguns líderes acreditam que a segurança psicológica nada mais é do que pedir às pessoas que sejam gentis, sob a suposição de que elas precisam ser mimadas antes que possam se envolver. Dois estudiosos australianos, Ben Farr-Wharton e Ace Simpson, defendem esse ponto com maestria. "Por meio de uma perspectiva de gerenciamento de sistemas, o conceito muito humano de compaixão parece um desperdício. Isso ocorre porque perceber, ter empatia, dar sentido e responder ao sofrimento de um colega (como definimos o processo de compaixão organizacional) pode ser considerado um processo indulgente e demorado que diminui os deveres de trabalho imediatos."[4]

Aqueles que dizem que a segurança psicológica não é nada mais do que simpatia e sentimentalismo oferecido por líderes que não estão dispostos a responsabilizar os outros estão em negação. Eles se recusam a reconhecer que não se pode coagir ou manipular a inovação. O processo é cercado de risco político e interpessoal. A menos que se reduza ou remova essas barreiras de entrada e essas violações na interação humana, as pessoas simplesmente não se envolverão em plena capacidade.

Este estágio final de segurança psicológica governa o que são claramente as situações mais sensíveis, carregadas, pressurizadas, politizadas, estressantes e de alto risco de todas. Como o medo e o risco potencial para o indivíduo são mais altos, o nível de segurança psicológica deve ser mais profundo. Com segurança da inclusão, você está pedindo para ser incluído; com a segurança do aprendiz, está pedindo para ser encorajado; com a segurança do colaborador, está pedindo autonomia; mas com a segurança do desafiador, a troca social agora foi para outro nível: a equipe está pedindo para você desafiar o status quo. É um pedido e tanto! Assim, a única condição razoável é que a organização o proteja no processo. Se a organização quer franqueza, você precisa de proteção — precisa de apoio real e contínuo para ser corajoso o suficiente para assumir o que quase sempre é um risco pessoal substancial.

Caso ainda não tenha entendido, deixe-me esboçar o cenário emocional da inovação em uma organização. Uma coisa é usar seus talentos em atividades criativas ou ser curioso sobre algo por conta própria. Outra bem diferente é mirar no status quo de uma organização quando todo o sistema e a cultura o preservam. Se a segurança do desafiador não existe na organização, há um alto custo para essa curiosidade e criatividade. Isso tende a dar espaço para a vergonha, a dor e o constrangimento, além da incerteza, ambiguidade e caos costumeiros. A inovação é difícil o suficiente porque não há segurança contra falhas. Ninguém pode dar isso na você. Mas o que o líder pode fazer é eliminar o impacto social e emocional do processo. No mínimo, a ausência de segurança do desafiador bloqueia o fluxo de informações que permite que a colaboração aconteça.

Para organizações que tentam criar um ambiente próspero para talentos neurodivergentes, incluindo funcionários que demonstram variações no apren-

Estágio 4: Segurança do Desafiador

dizado, atenção, humor e sociabilidade — incluindo o espectro do autismo, dislexia, déficit de atenção, hiperatividade, depressão e outras condições neuro-lógicas atípicas — a segurança do colaborador torna-se uma pré-condição para a produtividade básica. Pela minha experiência pessoal, noto que os funcioná-rios neurodivergentes são mais sensíveis aos indicadores de medo, reagem mais rápido a eles e exigem mais tempo para ressurgir das rotinas defensivas. E, no entanto, todos nós precisamos da segurança do desafiador para nos ajudar a ser corajosos o suficiente para desafiar o status quo.

Questão-chave: Quando foi a última vez que você foi corajoso e desa-fiou o status quo?

Quando ensino aos líderes o conceito de segurança do desafiador e a troca social de franqueza por proteção eles geralmente acenam com a cabeça e di-zem: "Entendi". É quando eu olho para eles e digo: "Não, você não entendeu. Você nem começou a entender a magnitude do que está pedindo às pessoas." Posso sugerir neste momento que você largue este livro e vá procurar um es-pelho? Agora dê uma boa olhada. Se quer que seu pessoal inove, você precisa fazer um exame de consciência e uma profunda introspecção sobre o que você está pedindo. A inovação não é algum tipo de processo confortável e sem atrito. Não, a inovação promove um ataque ao regime atual. É se lançar voluntaria-mente no desconhecido É trocar a certeza pela ambiguidade. Na maioria das vezes, é pedir pelo fracasso. Esse é apenas o lado organizacional disso. Agora pense no lado pessoal.

O que você está pedindo ao seu pessoal quando pede que desafiem o status quo e inovem? Sim, há uma sensação de aventura que vem com a exploração, mas a realidade é que você está pedindo ao seu pessoal que se exponha a críticas, arrisque o fracasso, corra riscos, se sinta vulnerável, excluído e sofra. E você está pedindo que eles façam tudo isso sem nenhum controle real do resultado.

Agora percebe o que está pedindo? Bem, se você vai pedir isso, seus fun-cionários exigirão uma contrapartida razoável. Eles sabem que você não pode prometer que não haverá perdas. Sabem que não pode remover todos os riscos e sabem que você não pode eliminar a dor. Todo mundo entende isso, então, no mínimo, eles estão pedindo que você os proteja social e emocionalmente enquanto eles se envolvem nesse processo incerto. "Pelo menos me proteja do constrangimento e da rejeição", seria o pedido. Bom, esse é um pedido razoável. E não se esqueça de que nem todo mundo anseia por contribuição criativa em vez de conforto.

O que nos leva à questão de quem será o primeiro a fazer essa escolha. Certa vez, estava treinando um grupo de funcionários de uma universidade e me juntei a eles para participar de uma discussão. Um dos participantes disse: "Eu entendo o conceito de franqueza em troca de proteção. Você poderia, por favor, dizer aos executivos que a proteção deve vir primeiro? Eles realmente esperam que eu seja franco quando não tenho evidências de proteção? Posso ser ingênuo, mas não sou idiota." Aí está a resposta.

Franqueza em troca de proteção significa que você, como líder, protege o direito de cada pessoa de falar abertamente sobre qualquer assunto, desde que não faça ataques pessoais ou tenha intenções maliciosas. Quando as pessoas se sentem protegidas nesse quesito, tendem a exercer esse direito (veja tabela 7).

Conceito-chave: Garantir proteção para obter franqueza é a troca social da segurança do desafiador.

A definição de *respeito* no quarto estágio da segurança psicológica é "respeito pela capacidade de inovação do indivíduo". Assim como as definições de respeito da segurança do aprendiz e da segurança do colaborador, o respeito nesse nível é um direito adquirido, e não um direito inato. Assim, você ganha o direito de inovar com base em um histórico de desempenho. Estou dizendo que você não deve ter voz até se tornar um especialista? Não, todos devem ter uma voz, mas você naturalmente descobrirá que as pessoas o levarão a sério se essa voz tiver credibilidade.

Estágio 4: Segurança do Desafiador

Tabela 7 **Estágio 4** **Segurança do Desafiador**

Estágio	Definição de Respeito	Definição de Permissão	Troca Social
1. Segurança da Inclusão	Respeito pela humanidade do indivíduo	Permissão para o indivíduo interagir humanamente com você	Inclusão em troca de status humano e ausência de dano
2. Segurança do Aprendiz	Respeito pela necessidade inata do indivíduo de aprender e crescer	Permissão para o indivíduo se envolver em todos os aspectos do processo de aprendizagem	Incentivo a aprender em troca de engajamento no processo de aprendizagem
3. Segurança do Colaborador	Respeito pela capacidade do indivíduo de criar valor	Permissão para o indivíduo trabalhar com base em seu próprio julgamento e independência	Autonomia guiada em troca de resultados
4. Segurança do Desafiador	Respeito pela capacidade do indivíduo de inovar	Permissão para o indivíduo desafiar o status quo de boa fé	Proteção em troca de franqueza

Além do respeito, a natureza da permissão muda e fazemos a transição para a segurança do desafiador. Na quarta etapa, implícita ou explicitamente, damos ao indivíduo permissão para desafiar o status quo de boa fé. Isso significa que assumimos que o indivíduo está agindo com motivação pura para ajudar a melhorar as coisas. Não há outras qualificações ou restrições. Às vezes, as pessoas desafiam o status quo com ideias para melhorias incrementais. Às vezes, sonham alto e propõem uma transformação total na maneira como fazemos as coisas. Às vezes, eles vêm com ideias e planos totalmente elaborados e, às vezes, eles vêm com nada além de um palpite ou intuição. Em uma atmosfera de segurança do desafiador, aceitamos todos os participantes e todas as contribuições. Podemos levar alguns desafios mais a sério do que outros quando consideramos a fonte, mas honramos o que cada pessoa tem a oferecer independente de hierarquia. Tornamos seguro criticar. Espera-se que todos se envolvam em pensamentos disruptivos.

Os 4 Estágios da Segurança Psicológica

Questão-chave: Você sente que tem uma licença para inovar em sua organização?

Se você desafiou o status quo sem a segurança do desafiador, sem dúvida se lembra dessa experiência dolorosa e toma muito cuidado para não repeti-la. Sua corajosa tentativa foi recebida com represália. Você pensou que tinha proteção, mas se enganou, o que te deixou vulnerável à rejeição. Essas experiências são encontros neurobiológicos que criam estresse, cicatrizes e memórias vívidas que nos levam a agir com cautela na próxima vez.

Em certa ocasião, eu estava treinando uma grande agência de segurança pública. Senti imediatamente que a cultura era tóxica e de retaliação. Obviamente, assim que passamos para a primeira discussão, era possível ver claramente que os membros dessa organização não eram saudáveis o suficiente para manter nem mesmo um diálogo básico. Ao impor o medo constante da crítica, os líderes conseguiram criar uma atmosfera de cinismo cansado. A dinâmica do grupo era o silêncio intercalado com sarcasmo, uma ocasional piada e humor cortante. Ninguém ousaria desafiar o status quo voluntariamente. Isso equivaleria a pedir pelo abuso verbal e emocional que viria a seguir.

Se você está incentivando seu pessoal a desafiar o status quo, mas não preparou o clima cultivando a segurança do desafiador necessária, o que mais você poderia esperar? Seu pessoal vai ser corajoso e vagar pelo território inimigo sabendo que sua bravura será punida? As pessoas oferecerão voluntariamente suas opiniões quando as opiniões são reprimidas?[5] Só os tolos pulam de cabeça quando não há segurança. Se não houver proteção para apoiá-los, não é sensato da parte deles tentar, e é cruel de sua parte pedir. Mesmo que você entenda o desafio ao status quo como expressão de uma insatisfação saudável, ainda assim é algo subversivo, e sempre um risco pessoal. Sem proteção não há franqueza. As pessoas criarão rotinas defensivas para se salvarem do risco de constrangimento.[6] E se cometerem erros, ficarão muito tentadas a encobri-los.

Questão-chave: Quando foi a última vez que você tentou encobrir um erro? O que o motivou a fazer isso?

Deixe-me ilustrar isso a partir de minha própria experiência profissional. Durante três anos tive um chefe japonês baseado em Tóquio, o Sr. Tadao Otsuki. Quando recebi a tarefa de me reportar a ele, preparei-me por causa

Estágio 4: Segurança do Desafiador

do que havia lido sobre a natureza hierárquica rígida da cultura empresarial japonesa. Li um livro sobre a sociedade japonesa que fazia este aviso: "A expressão de opinião contraditória ao superior é considerada um sinal de mau comportamento."[7] "Estou ferrado", pensei, porque não sei fazer meu trabalho sem dar minhas opiniões, e às vezes elas são contrárias. Mas então veio a agradável surpresa: Tad acabou sendo um homem colaborativo e confiável que me permitiu ser corajoso. Ele cultivava uma meritocracia de ideias e era totalmente agnóstico em relação a título, posição e autoridade, nivelando a dinâmica do poder e drenando a ansiedade do processo de busca de ajuda ou feedback, bem como da sensação de vulnerabilidade.[8] No crepúsculo de sua carreira, esse homem trabalhou para várias corporações multinacionais e aprendeu que equipes diversas e multidisciplinares não inovam a menos que sejam lubrificadas com o óleo da segurança do desafiador. Ele entendia que a inovação exige explorar o desconhecido e sempre envolve tensão e estresse. Ele me pediu para ser corajoso, mas primeiro criou um ambiente de acolhimento para essa bravura dentro da organização, o que, é claro, significaria que muitas vezes eu ofereceria ideias ruins ou seguiria caminhos sem saída. Mas havia momentos em que a equipe criava inovações revolucionárias.

Questão-chave: Você se esforça para ser agnóstico quanto a título, posição ou autoridade quando alguém desafia o status quo?

Como último passo para preparar o terreno para a segurança do desafiador, ele demonstrou transparência. Compartilhava todas as informações que podia, e fazia isso de forma consistente.

Conceito-chave: Quanto mais incógnitas o líder elimina por meio da transparência, menos fontes de estresse o funcionário terá.

Aceitei o convite. Aventurei-me lentamente, observando com cuidado meu chefe em busca de qualquer sinal de defesa emocional. Com o tempo, parei de temer o fracasso ou o julgamento porque era, como disse Abraham Maslow, "seguro o suficiente para desafiar".[9] Desafiar algo não arriscava minha carreira porque eu sabia que a cultura tolerava e até esperava isso. É o líder que cria esse laboratório organizacional de experimentação, e esse laboratório exige condições diferentes de um modo de operação de execução pura. Pense nas restrições inerentes sob as quais devemos inovar. Normalmente, temos menos dados, mais ambiguidade, mais incógnitas e mais falhas, por isso precisamos de mais investigação exploratória, mais tolerância para ideias irracionais e mais capacidade de absorver falhas.[10]

Claramente, a inovação acontece com mais frequência em condições de estresse, quando você está sentindo a pressão da concorrência, quando está tentando descobrir uma solução cercado de restrições e limitações. Não se trata de algo relaxado ou despreocupado.

> **Conceito-chave:** No processo de inovação, não há relação necessária entre estresse e medo.

O estresse e a pressão que sentimos não criam medo automaticamente. Lembro-me de muitas vezes, enquanto trabalhava para Tad, quando senti uma enorme pressão e animação. A pressão era imposta por nossas circunstâncias competitivas, mas ele não adicionou uma camada de medo à mistura como um incentivo perverso para nos motivar. Ao criar a segurança do desafiador, ele ajudou a converter o estresse em energia positiva. Fui encarregado de uma organização que estava perdendo dinheiro. O mercado despencou e estávamos em queda livre. Em vez de aumentar a tensão interpessoal para acompanhar a crise, meu chefe aumentou a frequência de seus contato comigo, mas sempre foram encontros calmos e focados. Mesmo quando outros apareciam com uma emoção aguçada, Tad era a força apaziguadora. No devido tempo, superamos a crise com uma organização mais forte, mais veloz e mais engajada.

> **Conceito-chave:** É possível desbloquear a criatividade em uma crise se o líder acolher a dissidência e não adicionar uma camada de medo fabricado ao nível existente de estresse natural.

As Origens Sociais da Inovação

Inovação significa olhar para o futuro nebuloso e tentar fazer algo melhor conectando coisas que normalmente não estão conectadas usando pensamento divergente, lateral, associativo ou não linear. Você basicamente tem três opções. Pode conectar:

Estágio 4: Segurança do Desafiador

- Conhecimento existente com conhecimento existente
- Conhecimento existente com novo conhecimento
- Novos conhecimentos com novos conhecimentos

Lembra-se de alguns anos atrás, quando a Netflix tirou a Blockbuster do mercado? Como eles fizeram isso? Eles conectaram o correio tradicional aos DVDs! Essas duas coisas comuns tornaram-se a fonte de uma inovação improvável e disruptiva. Esse é o padrão na maioria das vezes. Criamos a partir do que sabemos, usando as ferramentas, tecnologia e ideias que já temos.[11] Como você acha que chocolate e manteiga de amendoim se juntaram? Mas aqui está a ironia da inovação: embora seja construída sobre ativos de conhecimento, é o processo de aprendizado que os une para criar valor de novas maneiras.

Conceito-chave: No processo de inovação, aprender é mais importante do que saber.

Aprendizagem é o processo de combinar ativos de conhecimento, mas esses ativos estão constantemente se tornando obsoletos. Em longo prazo, um processo de aprendizagem duradouro e adaptável é mais valioso do que os próprios ativos de conhecimento perecíveis.

Se olharmos mais para a inovação, podemos ver que existem dois tipos básicos. O tipo 1 é incremental e derivado, enquanto o tipo 2 é radical e disruptivo (veja tabela 8).

Tabela 8 **Os Dois Tipos de Inovação**

TIPO 1	TIPO 2
• Incremental	• Radical
• Derivativa	• Disruptiva

Questão-chave: Você consegue pensar em um exemplo recente de inovação tipo 1 (incremental e derivativo) em sua organização?

Como você pode esperar, o tipo 1 é muito mais comum porque é natural começar com o que sabemos e conectá-lo com outra coisa que conhecemos. Se isso não funcionar, tentamos novas combinações (veja figura 11). Combinamos e recombinamos. Essa recombinação é a essência da inovação. É por isso que Steve Jobs disse: "Criatividade é apenas conectar as coisas." Eu gostaria de fazer coro a essa declaração.

Conceito-chave: Inovação é o processo de pessoas conectadas fazendo novas conexões.

Todos nós sabemos que apenas juntar um monte de pessoas virtuosas não cria algo belo automaticamente. Elas devem aprender a jogar juntas. Elas devem se conectar primeiro, é dessa conexão que vem a magia.

Figura 11. Como os avanços são gerados

O Processo de Inovação

É claro que as pessoas podem experimentar um lampejo solitário de genialidade, uma explosão de inspiração, um momento eureca, mas esses são a exceção. O padrão mais comum é a inovação surgir da interação social. Em uma sessão de perguntas e respostas no Facebook, Mark Zuckerberg disse: "As ideias não chegam até você simplesmente. Elas acontecem porque você está falando sobre algo e conversando com muitas pessoas sobre isso por um longo período de tempo."[12] Brian Wilson, o gênio musical por trás dos Beach Boys, confessou a mesma verdade: "A chave para o nosso sucesso estava em respeitar as ideias e

Estágio 4: Segurança do Desafiador

opiniões uns dos outros."[13] Sim, você precisa de pessoas talentosas para inovar, mas a mágica está na forma como elas misturam e fundem ideias enquanto trabalham juntas no que, muitas vezes, parece um processo caótico e espontâneo. Não importa se você está programando um software ou escrevendo uma música, a inovação geralmente tem uma origem social.

As Perguntas São Bem-vindas?

Convido você a ser um antropólogo cultural por um dia e observar como a inovação acontece em sua equipe. Se você olhar com atenção, notará que a inovação em última análise emerge do processo de investigação. Esse processo compreende cinco etapas, como mostra a figura 12.

Como você pode ver, o primeiro passo é fazer perguntas. As perguntas funcionam como catalisadores. Elas ativam o processo. Sem perguntas, nada acontece. E, no entanto, devemos reconhecer o risco.

Conceito-chave: Fazer perguntas acrescenta risco pessoal.

E se estamos falando de perguntas que apontam para a inovação, elas quase sempre apresentam mais risco pessoal porque desafiam o status quo. Elas atacam a maneira como as coisas são feitas. Do ponto de vista da carreira, essa é a zona de alto risco e alta recompensa. Pergunte a si mesmo: as perguntas são realmente bem-vindas na minha equipe — não perguntas suaves, fáceis e não ameaçadoras, mas perguntas corajosas e disruptivas?

Questão-chave: As perguntas são bem-vindas em sua equipe?

Você cultivou uma cultura de questionamento que é receptiva às perguntas difíceis e desconfortáveis, e as pessoas realmente sentem isso? Se você quer uma enxurrada de ideias, primeiro você precisa de uma enxurrada de perguntas. Se quer uma enxurrada de perguntas, precisa nutrir o mais alto nível de segurança psicológica com base no respeito e na permissão que você dá às pessoas.

Os 4 Estágios da Segurança Psicológica

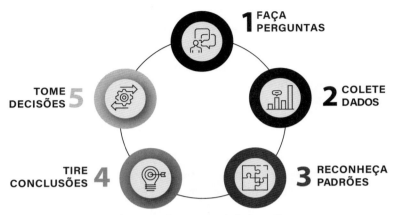

Figura 12. O processo de indagação

Vemos muito rapidamente que todo o processo de inovação depende da vontade de ativar o processo de indagação com perguntas. Todas as organizações têm um fluxo de informações e ideias, mas nem todas as organizações inovam. Qual a diferença? Se você não percebeu, a consequência natural da análise é o atrito. As pessoas veem as coisas de forma variada e tiram conclusões diferentes. Agora vem a parte difícil. Como você lubrifica as engrenagens da colaboração para reduzir o atrito? Se você puder fazer isso, criará um novo valor. Mas se o atrito aumentar, a areia se tornará o lubrificante e suas engrenagens pararão.

Meu chefe japonês era um mestre em cultivar uma cultura de indagação. Pelo tom que ele estabeleceu, eu sabia duas coisas: primeiro, não havia perguntas idiotas. Acho que ele aprendeu com a experiência, como muitos de nós, que a linha entre brilhantismo e ignorância pode ser muito tênue. Em segundo lugar, não havia perguntas que estivessem fora dos limites, nenhum tópico sobre o qual não pudéssemos falar. Essas foram as regras básicas que ele estabeleceu, reforçadas por seu próprio comportamento de modelo e uma proporção equivalente entre falar e escutar. Sem o exemplo e proteção que ele fornecia, eu teria relutado em ativar o processo de indagação e me envolver em inovação. No final, perguntas convidativas são a torneira que abre a inovação. Desencorajar perguntas e punir quem as faz, fecha a torneira.

Estágio 4: Segurança do Desafiador

Conceito-chave: Se você privar sua equipe da segurança do desafiador, você inconscientemente impõe o status quo à equipe.

Em vez de proteger sua equipe contra o pensamento de manada, você o está reforçando. Você está condicionando seu pessoal a não pensar e a não desafiar, e as equipes aprendem muito rápido a não pensar e a não desafiar. Eles aprendem muito rápido como "se trancar dentro de uma câmara de eco de amigos que pensam da mesma forma."[14]

Depende de você se sua equipe inova, e a velocidade com que o faz. Você regula a velocidade da descoberta e a velocidade da informação. Acelera a resolução de problemas. Cria um clima de disciplina e agilidade. Você que gera os padrões e as normas predominantes que permitem que a equipe gerencie a si mesma.

Trabalhei com outro CEO que precisava de muito oxigênio em qualquer sala que entrasse e sempre comandava as reuniões. Ele não conseguia sair do palco. A pedido de uma aflita vice-presidente de recursos humanos, participei de uma reunião executiva com esse CEO e sua equipe para observar a dinâmica. Nesse caso, o CEO não estava insultando explicitamente, apenas humilhando sutilmente. Ele começou a reunião e controlou os tópicos. Ele fazia perguntas de sim/não e ficava visivelmente agitado se seus subordinados diretos dessem mais do que algumas palavras de explicação além de um simples sim ou não. A certa altura, e nunca esquecerei isso, o grupo começou a discutir um tópico e a iniciar um diálogo produtivo. Cerca de dois ou três minutos depois, o CEO literalmente abriu seu notebook e começou a enviar e-mails — no meio da reunião! Olhei para a vice-presidente de recursos humanos incrédula e ela me deu um olhar de resignação. Esta é a maneira como ele censurava e repreendia. Mais tarde, o CEO perdeu o emprego, graças aos danos autoinfligidos: ele falhou porque sua equipe funcionava como blocos verticais e independentes de conhecimento que nunca se encontravam.

É importante lembrar que a inovação é interdisciplinar. Seu sucesso dependerá, não de uma ação independente, mas de uma interação dependente. Se a equipe não conseguir trabalhar de forma produtiva nas cinco etapas da indagação, você nunca chegará lá, independentemente de seu talento. Só é possível vencer em equipe. Pode parecer pouco espetacular, mas quando você está assistindo à inovação acontecer, está vendo as pessoas falarem, interagirem,

Os 4 Estágios da Segurança Psicológica

discutirem e debaterem. Somente por meio dessa interação e síntese de ideias ocorre a dissensão construtiva, a abrasão criativa e o processo de combinação e recombinação.

Quando eu era o gerente de fábrica da Geneva Steel, aprendi a lição para vida toda de que todo sistema tem uma restrição. A restrição não apenas limita, mas também determina o resultado de todo o sistema. A restrição é o gargalo e outras partes do sistema não podem compensá-la. Considere o evento de revezamento de 4 x 400 metros. Cada um dos quatro membros da equipe corre uma volta ao redor da pista. Se você for o membro mais lento, sua lentidão ditará o desempenho geral da equipe. Todos dependem uns dos outros. Se os outros três membros da equipe executarem suas etapas em 48 segundos e você demorar 75 segundos, a equipe ainda precisa incluir seu tempo no total. Independente de quão rápido eles correrem, você deixará a equipe mais lenta.

A inovação funciona da mesma maneira. Seu trabalho como líder é reduzir o atrito social enquanto aumenta o atrito intelectual. Essa é a principal maneira de desgargalar a restrição à inovação. Se você puder fazer isso, as pessoas investirão profundamente no processo porque se apegam ao que criam por meio da fusão do racional e do emocional. Vejo equipe após equipe primorosamente abençoada com todos os recursos necessários para inovar, exceto um — segurança psicológica, o que restringe o sistema.

Questão-chave: O que você pode fazer para reduzir o atrito social em sua equipe enquanto aumenta o atrito intelectual?

Uma coisa é colaborar para a execução, que normalmente preserva o status quo. Outra bem diferente é colaborar para a inovação. Enquanto a execução é sobre a criação de valor no presente, a inovação é sobre a criação de valor para o futuro. É uma missão insurgente, uma Skunk Works dentro da nave-mãe. Vocês estão agindo como disruptores internos. É disso que se trata o grande projeto mental. O processo não é organizado, limpo ou linear. É confuso e iterativo. A inovação é o casamento entre problemas complicados e caos criativo sem a garantia de que algo melhor será produzido.

Conceito-chave: O padrão da inovação é de muita tentativa e pouco sucesso.

Estágio 4: Segurança do Desafiador

Procure pelas Diferenças
e Reduza o Risco de Ridicularização

Vamos nos aprofundar um pouco mais no processo de descongestionamento da organização para liberar seu potencial inovador. Como fazer essa inovação fluir? Primeiro, procure as diferenças. Em segundo lugar, reduza o risco de ridicularização.

Lembre-se de que inovação é o processo de pessoas conectadas fazendo conexões. Quando digo *fazer conexões*, quero dizer aquelas que ainda não existem. Por exemplo, James Dyson, o inventor do aspirador de pó Dyson, disse que um dia foi a um depósito de madeira e notou ciclones industriais gigantes no teto para coletar poeira. Imediatamente, ele começou a conectar esses ciclones à sua ideia de um aspirador sem saco. Se a inovação vem da conexão de coisas diferentes, o trabalho do líder é estimular as diferenças em primeiro lugar. Essas diferenças tornam-se a matéria-prima que resulta em inovação.[15]

Você não está procurando conformidade ou consenso. Na verdade, você está procurando o oposto. Quer criar e trazer diferenças. Quer que as pessoas façam conexões novas, estranhas e não óbvias. Como você faz isso? Primeiro, crie diferenças na composição. Isso significa montar uma equipe diversificada. A diversidade na composição pode levar à diversidade no pensamento. Como a diversidade cria dissidência, equipes diversas são menos suscetíveis a um pensamento de manada.[16] Agora, destaque essas diferenças incentivando o pensamento divergente. Peter Drucker disse: "A discordância é necessária para estimular a imaginação."[17] Novamente, a consequência natural da análise é o atrito, porque as pessoas veem as coisas de forma variada e tiram conclusões diferentes.

> **Questão-chave:** Como você protege sua equipe contra os perigos do pensamento de manada?

Percebe o equilíbrio delicado? Você está tentando reduzir o atrito social, mas não o atrito intelectual. Se há muito atrito social, a areia se torna o lubrificante e as engrenagens da inovação param. Se há muito pouco, você desenvolve um pensamento homogêneo e se isola, perdendo sua capacidade de se adaptar a um ambiente em mudança. Você precisa nutrir as diferenças e gerar conflitos que carreguem pressão e estresse naturais, mas não medo.

Os 4 Estágios da Segurança Psicológica

A minha segunda sugestão está relacionada com a primeira. Quando as diferenças surgirem, faça tudo o que puder como líder para reduzir o risco de ridicularização. Você faz isso eliminando qualquer comportamento ridicularizante em si mesmo e criando uma norma que desaprova todas as formas de ridicularização e implementa a responsabilidade entre os colegas para manter essa norma. Quando se trata de inovação, a segurança do desafiador é o facilitador, enquanto o medo e a ridicularização são os inibidores. As pessoas nascem curiosas, então o objetivo é ajudá-las a permanecer curiosas. Qualquer forma de humilhação é uma mordaça intelectual que bloqueia a inovação.

Questão-chave: Você sente o risco de ser ridicularizado em sua equipe?

Lembro-me de estar em uma reunião com minha equipe na qual nosso diretor financeiro ridicularizou abertamente nosso diretor de marketing por algumas de suas ideias e pela maneira como ele queria alocar seu orçamento. Em vez de interceder e chamar o CFO ali mesmo, deixei para lá. Deixei passar na frente de toda a equipe. Eu tolerei a humilhação, e minha inação naquele dia enviou uma mensagem covarde que passei o mês seguinte tentando desfazer. Ao deixar de abordar essa questão, abri a porta para mais humilhação e fechei a porta para mais inovação. Minha falta de coragem comprometeu a nossa segurança do desafiador.

Uma equipe de psicólogos sociais israelenses e europeus demostrou recentemente a ligação entre segurança psicológica e criatividade. O simples fato de saber que sua vulnerabilidade não será explorada o encoraja a ser corajoso e contribuir para o processo generativo.[18]

Como argumenta o psicólogo Mihaly Csikszentmihalyi: "Cada um de nós nasce com dois conjuntos de instruções contraditórias: uma tendência conservadora, composta por instintos de autopreservação, autoengrandecimento e economia de energia, e uma tendência expansiva composta de instintos de explorar, para desfrutar da novidade e do risco — a curiosidade que leva à criatividade pertence a este conjunto."[19]

Conceito-chave: Nada pode acabar com a curiosidade e a investigação exploratória mais rápido do que uma pequena dose de humilhação administrada na hora certa.

Estágio 4: Segurança do Desafiador

Conheço líderes que achavam aceitável usar a humilhação para causar efeito, talvez raciocinando que todas as vezes em que não o fizeram compensariam as poucas vezes que o fizeram. Não funciona assim. Se você zomba de uma a cada dez ideias, é da zombaria que lembramos.

Conceito-chave: O desafio da segurança do desafiador é que leva tempo para criá-la, sendo que ela pode ser destruída a qualquer instante.

Você Está Preparado para Errar?

Lembre-se da troca social da segurança do desafiador: proteção em troca de franqueza. Se sua organização depende da inovação, você levará a sério o fornecimento de proteção necessária para outras pessoas à medida que elas se aventuram no território de desafiar o status quo. Você estará mais motivado a demonstrar uma receptividade fundamental tanto para as pessoas quanto para as ideias, uma abertura cognitiva e emocional que os outros percebem claramente. Não menos importante, você desenvolverá a capacidade de estar errado. Essa abertura ativa e facilita o processo de inovação. Sim, você é um jogador-treinador e pode atuar no desafio do status quo, mas seu papel principal é apoiar e proteger, em vez de rebater ou destruir as ideias que surgirem.

Nesse processo, alguns líderes acabam se tornando o próprio obstáculo. Eles capturam as boas ideias e as desprezam ou as adotam como suas. Se você tem uma necessidade insaciável de status, se anseia por crédito e aprecia as armadilhas do poder, se precisa estar certo, criar segurança do desafiador pode muito bem ser seu maior desafio de liderança. Como Oscar Munoz, CEO da United Airlines, disse: "É muito triste quando as pessoas não descobrem o lado da inteligência emocional das coisas. Você tem que se tornar o tipo de pessoa que os outros estão dispostos a procurar e dar conselhos."[20]

Uma vez tive um chefe que não era muito bom em admitir seus erros. Ele era um líder insolente com um profundo senso de autobajulação. Ele tinha uma postura que dizia: "Aqueles que pensam que sabem tudo são muito ofensivos àqueles de nós que sabem." Ele era dogmático, didático e pedante. Não era apenas cansativo estar perto dele, mas arriscado. Seu ego excessivo bloqueava a segurança do desafiador aonde quer que ele fosse. Não é de surpreender que as pessoas se adaptaram ao seu estilo bem rápido. Um

Os 4 Estágios da Segurança Psicológica

dos primeiros ajustes que sua equipe fez foi transformar uma reunião real em uma farsa. Eles veneravam o chefe com um respeito nervoso na reunião oficial, mas depois realizavam a reunião verdadeira mais tarde na forma de discussões paralelas e tribunais arbitrários.

> **Conceito-chave:** Quando um líder substitui pessoalmente a busca por inovação pela rivalidade por protagonismo, a equipe não consegue alcançar a coesão social necessária ao processo cocriativo de inovação.

Meu chefe estava praticando a territorialidade ao controlar o tempo de fala — a versão moderna de um modelo antiquado de dominação que acabou selando seu destino. Ele foi demitido. A grande ironia desse chefe era que, embora fosse muito inteligente, agia assim porque se sentia vulnerável. Ele não queria se expor a ameaças ou constrangimentos, mas no próprio ato de tentar dar segurança do desafiador a si mesmo, ele estava tirando isso de nós. É um padrão que ocorre com muitas pessoas inteligentes.[21]

Você deve ser humilde e aberto, e deve escutar, e se não o fizer, as pessoas ao seu redor acabarão sem nada a dizer. Yo-Yo Ma, violoncelista mundialmente famoso, foi questionado certa vez em uma entrevista: "Qual é a chave para uma colaboração frutífera, especialmente entre culturas ou disciplinas?" Sua resposta foi: "O gerenciamento do ego." Em pequenas organizações e nos níveis mais baixos das grandes organizações, vejo o padrão de arrogância com menos frequência, mas à medida que você sobe na escala de poder, ele aparece com mais frequência. O estudioso de liderança Manfred Kets de Vries afirma: "A disfunção mais frequentemente encontrada nos níveis superiores é o narcisismo patológico. O narcisismo não é algo que uma pessoa tem ou não tem. Todos nós possuímos características narcisistas até certo ponto."

A velocidade da mudança fora de uma organização favorece, atualmente, o líder que explora, monitora a periferia e estende o campo de visão para toda a organização. Cada vez mais não veremos nossos líderes como detentores das respostas; vamos olhar para eles como aqueles que podem extrair essas respostas explorando o potencial criativo da organização.

Se você tem poder posicional, o que deve fazer? Primeiro, saiba que fazer tudo isso será difícil. O risco e o medo estão intimamente associados à autoridade formal. As pessoas vão querer bajulá-lo e não o chatear, perturbá-lo

Estágio 4: Segurança do Desafiador

ou aborrecê-lo. Elas vão filtrar o que apresentam a você. Horizontalize a cultura da sua organização, mesmo que ela não seja estruturalmente horizontal. Torne-a igualitária. Faça do status uma restrição artificial.

Aqui estão três sugestões práticas: primeiro, peça que todos em sua equipe se revezem na condução de suas reuniões regulares. Muitos líderes monopolizam essa responsabilidade. Dê uma chance a todos. Isso exigirá mais esforço, mas também vai construir mais confiança. Em segundo lugar, conduza um pequeno segmento de treinamento a cada semana e, novamente, alterne a responsabilidade de liderar o treinamento. Garanta que indivíduos menos experientes e de status mais baixo tenham a oportunidade de treinar indivíduos mais experientes e de status mais alto. Isso envia uma mensagem explícita e acelera o desenvolvimento. Terceiro, quando você tiver uma conversa individual com um membro da equipe, vá até ele em vez de fazer com ele venha até você. Craig Smith vai até a mesa dos alunos e se ajoelha ao lado deles para ajudá-los com problemas de cálculo. É um gesto poderoso de liderança servidora que reduz a diferença de status. "Onde quer que as barreiras ao livre exercício da engenhosidade humana tenham sido removidas", argumenta o economista austríaco Friedrich August von Hayek, "o homem tornou-se rapidamente capaz de satisfazer, cada vez mais, amplas gamas de desejos".[22]

Por fim, cuidado com a maldição do sucesso. Infelizmente, o sucesso pode não ser seu amigo quando se trata de nutrir a segurança do desafiador. Você provavelmente já viu esse padrão: o sucesso gera arrogância, e a arrogância gera falta de humildade, compaixão e desejo de aceitar feedback.[23] Você pode ter um histórico impressionante devido à sua garra e determinação, mas não deixe que seu sucesso se torne um fator limitante ou descarrilador.

Atribuindo Formalmente a Discordância

O inimigo da inovação é a homogeneização do pensamento. Como você se protegerá contra isso?[24] Resposta: você deve atribuir a discordância. Não basta modelar o comportamento correto e reforçar informalmente as normas; você deve formal e oficialmente atribuir a discordância.

Algumas indústrias dominaram essa prática por necessidade, pois operam em ambientes de alto risco. Por exemplo, a NASA começou a implantar o que eles chamavam de "tiger teams" na década de 1960. Um "tiger team" era "uma

Os 4 Estágios da Segurança Psicológica

equipe de especialistas técnicos não domesticados e desinibidos, selecionados por sua experiência, energia e imaginação, e designados a rastrear implacavelmente todas as possíveis fontes de falha em um subsistema de espaçonave."[25] O trabalho deles era procurar problemas, falhas e riscos em potencial. Os departamentos de TI fazem a mesma coisa quando contratam os chamados hackers brancos para procurar vulnerabilidades e fontes potenciais de uma violação de segurança de dados.

Questão-chave: Você tem o hábito de atribuir formalmente a discordância a projetos, iniciativas ou cursos de ação propostos?

Por fim, trabalhei com muitas empresas de tecnologia no Vale do Silício que usam o que chamam de "red teams" para um propósito semelhante. Você pode chamar isso de oposição leal, bancar o advogado do diabo ou fazer um pré-mortem. Não importa o nome. O que importa é que você está, de modo formal, comissionando e dedicando, de maneira oficial, recursos para examinar ideias e dizer por que algo pode não funcionar, seus pontos fracos, por que é falho. Fazer isso fornece a proteção necessária para a franqueza que ajuda a equipe a superar as camadas de tendência do status quo e uma aversão à perda que, em geral, protegem o estado atual das coisas. Isso também eleva culturalmente o papel da discordância e a torna social e politicamente aceitável.

Conceito-chave: Atribuir a discordância a um projeto, prioridade ou iniciativa desde o início remove o medo natural normalmente associado a desafiar o status quo.

Você não está apenas dando às pessoas uma licença para desafiar, mas também definindo a expectativa. Na minha experiência, atribuir a discordância é o mecanismo mais eficaz disponível para um líder mudar e otimizar uma cultura. Nada pode redefinir as normas culturais de forma mais rápida e poderosa.

Conclusão

A fonte derradeira de capacidade adaptativa, competitividade e autopreservação, na verdade a chave para resiliência e renovação, é a capacidade contínua de uma organização de aprender e se adaptar. Essa capacidade é o que nos

Estágio 4: Segurança do Desafiador

permite engajar na inovação e oferecer uma resposta adaptativa ou preventiva. Embora possa parecer pessoalmente ameaçador, os líderes devem estar na linha de frente para modelar os padrões de agilidade de aprendizagem. Não é apenas uma mudança fundamental em relação ao modelo de liderança especializado, mas também exige que os líderes assumam uma postura emocional e social muito diferente. Os líderes ganharão cada vez mais competência por meio de sua capacidade de aprender e se adaptar, em vez de depender de seus conhecimentos e habilidades atuais.

Agora algumas sugestões finais para criar segurança do desafiador:

- Saiba que você é o curador da cultura. Você define o tom. A todo custo, proteja o direito da equipe de se manifestar. Chame a atenção de qualquer um que tente silenciar os outros.

- Às vezes, você verá algo que eles não conseguem ver. Às vezes, o contrário acontece. Se você guardar zelosamente suas próprias ideias, eles farão a mesma coisa. Não exiba orgulho de autoria.

- Dê a cada membro de sua equipe o dever de discordar. Então prepare-se para ouvir a verdade. Lembre-se de que uma resposta negativa a más notícias ou discordâncias silenciará a equipe e selará seu destino como um líder infeliz.

- Não transforme o desafio ao status quo em algo emocionalmente custoso. Peça aos membros de sua equipe que desafiem coisas específicas e discutam ideias por mérito.

- Uma equipe muitas vezes se perde e falha temporariamente antes de encontrar seu caminho e, por fim, ter sucesso. Essa é uma trajetória comum. O processo é confuso, iterativo e não linear, e pode haver alguns pivôs ao longo do caminho. Mostre que você está em território desconhecido e ajude sua equipe a aproveitar a jornada.

- Se você rejeitar a sugestão de um membro da equipe, mostre sensibilidade explicando o motivo. Sua resposta atenciosa encorajará o indivíduo a continuar se manifestando.[26]

Os 4 Estágios da Segurança Psicológica

Conceitos-chave

- A segurança do desafiador democratiza a inovação.
- Quando se trata de inovação, a conectividade aumenta a produtividade.
- Socializar uma equipe com segurança do desafiador desde o início é sempre mais fácil do que ressocializar uma equipe posteriormente.
- Garantir proteção para obter franqueza é a troca social da segurança do desafiador.
- Quanto mais incógnitas o líder elimina por meio da transparência, menos fontes de estresse o funcionário terá.
- No processo de inovação, não há relação necessária entre estresse e medo.
- É possível desbloquear a criatividade em uma crise se o líder acolher a dissidência e não adicionar uma camada de medo fabricado ao nível existente de estresse natural.
- No processo de inovação, aprender é mais importante do que saber.
- Inovação é o processo de pessoas conectadas fazendo novas conexões.
- Fazer perguntas introduz risco pessoal.
- Se você privar sua equipe da segurança do desafiador, você inconscientemente impõe o status quo à equipe.
- O padrão da inovação é de muita tentativa e pouco sucesso.
- Nada pode acabar com a curiosidade e a investigação exploratória mais rápido do que uma pequena dose de humilhação administrada na hora certa.
- O desafio da segurança do desafiador é que leva tempo para criá-la, sendo que ela pode ser destruída a qualquer instante.
- Quando um líder substitui pessoalmente a busca por inovação pela rivalidade por protagonismo, a equipe não consegue alcançar a coesão social necessária ao processo cocriativo de inovação.
- Atribuir a discordância a um projeto, prioridade ou iniciativa desde o início remove o medo natural normalmente associado a desafiar o status quo.

Estágio 4: Segurança do Desafiador

Questões-chave

- Quais padrões do líder sua equipe adotou?
- Você consegue pensar em uma mudança que você começou, mas não terminou, e acabou voltando ao seu comportamento original?
- Quando foi a última vez que você foi corajoso e desafiou o status quo?
- Você sente que tem uma licença para inovar em sua organização?
- Quando foi a última vez que você tentou encobrir um erro? O que o motivou a fazer isso?
- Você consegue pensar em um exemplo recente de inovação tipo 1 (incremental e derivativo) em sua organização?
- As perguntas são bem-vindas em sua equipe?
- O que você pode fazer para reduzir o atrito social em sua equipe enquanto aumenta o atrito intelectual?
- Como você protege sua equipe contra os perigos do pensamento de manada?
- Você sente o risco de ser ridicularizado em sua equipe?
- Você tem o hábito de atribuir formalmente a discordância a projetos, iniciativas ou cursos de ação propostos?

CONCLUSÃO
Evitando o Paternalismo e a Exploração

Apenas lembre-se de que seu verdadeiro trabalho é que, se você é livre, precisa libertar outra pessoa. Se você tem algum poder, então seu trabalho é empoderar outra pessoa.

— Toni Morrison

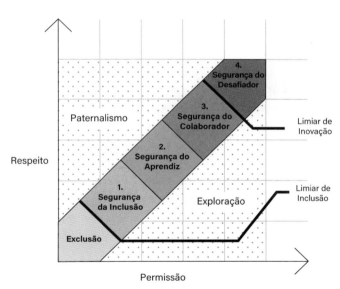

Figura 13. Perigos que aparecem quando os níveis de respeito e permissão são baixos

Os 4 Estágios da Segurança Psicológica

A segurança psicológica requer respeito e permissão para participar. Um sem o outro cria um desequilíbrio perigoso que prejudica as pessoas de maneiras diferentes. Uma séria deficiência de permissão empurra uma equipe para a sarjeta do paternalismo, enquanto uma séria deficiência de respeito a leva para a sarjeta da exploração (veja a figura 13 na página anterior.) Em ambos os casos, a organização não terá motivação, confiança e coesão para ter o melhor desempenho.

Conceito-chave: As sarjetas do paternalismo e da exploração inundam a organização de medo.

A falta de permissão do paternalismo cria o medo do isolamento social. Quando lhe dizem constantemente o que fazer, você se acostuma, aos poucos, tornando-se passivo e inseguro de si mesmo, a ponto da autossuficiência se tornar uma perspectiva assustadora. Você procura por conforto mais do que por liberdade, por segurança mais do que por independência.

Como a pressão social para se conformar pode ser mais forte do que o desejo de expressar suas opiniões e tomar suas próprias decisões?[1] O paternalismo e a exploração são a resposta. Ou você foi ensinado a ser servil e complacente ou foi forçado a ser. Passei algum tempo na Polônia alguns anos depois que a Europa Oriental foi libertada. Ao me encontrar com homens e mulheres e visitar várias fábricas, a persistente influência soviética e o longo período de despotismo se revelaram em padrões teimosos de paternalismo e exploração que pareciam não desaparecer. Algumas pessoas cederam ao paternalismo comunista e se contentaram em enfrentar um futuro sem esperança. Outros não se submeteram, sacudiram as correntes da opressão e estavam ocupados iniciando negócios e melhorando as coisas.

De maneira semelhante, a falta de respeito da exploração cria o medo do dano, além do medo do isolamento. Certa vez, quando eu estava em Xangai a negócios, o cavalheiro com quem fui me reunir me disse que realizava reuniões confidenciais na rua e não em seu escritório porque temia que seu escritório estivesse grampeado e ele estivesse sendo monitorado sob o olhar atento do governo.

Em ambos os casos, paternalismo e exploração carecem das quantidades equilibradas de respeito e permissão que criam a segurança psicológica, le-

Conclusão: Evitando o Paternalismo e a Exploração

vando indivíduos e organizações a um desempenho abaixo de seu potencial. Entrevistei uma mulher que viveu e trabalhou sob um regime repressivo e autocrático na América do Sul. "Nunca fomos autorizados a ser criativos", disse ela. Os padrões de paternalismo e exploração são universais, habitando todas as sociedades e penetrando em todas as culturas. Vamos examinar cada um desses dois padrões.

A Sarjeta do Paternalismo

O paternalismo está lhe dizendo o que fazer, supostamente em seu próprio interesse. Uma autoridade superior suprirá suas necessidades ou regulará seu comportamento porque não acredita que você possa fazer isso sozinho.[2] As leis são a forma mais comum de paternalismo. Você deve ter 18 anos para votar. Deve usar cinto de segurança. Não deve nadar em uma correnteza. Essas são medidas sensatas, mas me deixe dar alguns exemplos menos esclarecidos de leis reais: você não pode abastecer sua própria gasolina, não pode assediar o Pé Grande, não pode comer frango frito exceto com as próprias mãos e não pode andar para trás após o pôr do sol.

Muitas vezes nos dizem que precisamos de um pai, professor, treinador ou chefe benevolente para nos proteger, administrar nossa liberdade e direcionar nossas ações para não machucarmos a nós mesmos ou aos outros, especialmente com frango frito. Certamente há momentos em que esse tipo de despotismo benigno é justificado. Lembra-se do meu filho que estava praticando direção para tirar a carteira de motorista? Ele tirou, e quando fomos buscá-lo no departamento de trânsito, a mulher que emitiu sua carteira deixou bem claro para ele que seus pais tinham o direito de revogar sua habilitação a qualquer momento. O poder do paternalismo é muitas vezes bom e necessário. Ele nos protege até que sejamos sábios o suficiente para nos proteger.

Questões-chave: Você mostra sinais de paternalismo desnecessário em relação a qualquer grupo ou indivíduo? Por que você faz isso?

Paternalismo equivocado significa que estamos concedendo algum respeito ao indivíduo, mas retendo o poder de escolha. Há hora e lugar apropriados para o paternalismo, mas quando ele persiste após o indivíduo demonstrar a capacidade de aprender, contribuir ou inovar sem muita direção e orientação,

Os 4 Estágios da Segurança Psicológica

é hora de recuar. Não só isso, é hora de ouvir, encorajar e empoderar o indivíduo. Quando você é controlado pela motivação extrínseca, você procura fora de si mesmo por punições ou recompensas.[3] Você é destituído de autonomia e, no processo, de um impulso interno para a ação.

> **Conceito-chave:** O paternalismo desnecessário corre o risco de gerar dependência e desamparo, por um lado, e frustração e rebelião, por outro.

Educação superior, saúde e governo são setores marcados pelo profissionalismo, competência e um profundo senso de colegialidade. Mas esses setores também são mais avessos ao risco do que o setor privado e normalmente não têm uma norma ou processo estabelecido para lançar ou testar novas ideias. Eles tendem a pendurar um sinal de Não Perturbe, aglutinar-se em uma cultura de "fazer bonito" e liderar a partir da sarjeta do paternalismo.

Trabalhei com muitas universidades, organizações de saúde e agências governamentais e sempre encontro esse padrão. As organizações de saúde são animadas por uma missão de prolongar a vida e não causar danos, e ainda assim a maioria dos hospitais é dominada por culturas autoritárias falidas, não diferentes da de minha siderúrgica. Da mesma forma, as instituições de ensino superior são dedicadas à missão de ensino e pesquisa e tendem a ser conduzidas pelo consenso. O sentimento profundamente arraigado de respeito que essas instituições têm pela humanidade é irrepreensível. Elas têm dificuldade, no entanto, na maneira como concedem permissão a seus membros para aprender, participar e, acima de tudo, inovar. Cada setor está profundamente enraizado em uma tradição de mudança incremental glacial e liderança paternalista. Se você não acha que o paternalismo é um empecilho em tempos tumultuados, considere que 84 instituições de ensino superior sem fins lucrativos nos Estados Unidos fecharam suas portas ou se consolidaram desde 2016.[4]

Em vez de desencorajar as pessoas a desafiar o status quo por medo, esses setores tendem a fazê-lo por negligência. Eles ouvem ideias, toleram debates, expressam apreciação pelos cursos de ação disruptivos propostos, aceitam tudo sob orientação e sorriem. E então não acontece muita coisa. Como resultado, as pessoas não se autocensuram por medo; elas simplesmente se frustram.

Ajudei com uma transformação organizacional com um importante hospital de pesquisa que durou um ano. Tanto no lado clínico quanto no adminis-

Conclusão: Evitando o Paternalismo e a Exploração

trativo da casa, passamos meses montando planos de transição que levariam a organização de seu estado atual para um melhor. Tínhamos planos estratégicos de longo prazo, planos táticos de curto prazo e até mesmo planos operacionais de curto prazo que incluíam atribuições, datas de entrega e outros detalhes. Depois de toda essa preparação, a equipe executiva voltou e disse: "Nós simplesmente não achamos que a organização está pronta para a transição. Vamos pensar em fazer no ano que vem."

O que esse hospital aprendeu é a lição que a maioria dos líderes paternalistas acaba aprendendo: o paternalismo é seguro no curto prazo, mas se torna perigoso no longo prazo. Em sua benevolência, você corta a circulação do conhecimento local que flui para você da base da organização, sofre as consequências do isolamento e se encontra em crise mais tarde.

Saúde, ensino superior e governo são bons exemplos de paternalismo, mas isso existe em todas as indústrias e setores. Na maioria das sociedades paternalistas, há uma forte deferência à autoridade e um desejo de honrar o passado. As pessoas tentam dizer sim a todos os pedidos porque não querem parecer desleais. Dizer não é uma resposta impopular e ninguém quer enfrentar a desaprovação social. Com o tempo, o paternalismo leva a uma baixa tolerância à franqueza e à falta de bravura. Se o padrão se tornar amplo e profundamente institucionalizado, ele aumenta o risco e muitas vezes explode em crise.

Com exceção dos desastres naturais, quase todas as crises humanas se anunciam com antecedência. Em organizações paternalistas, os avisos muitas vezes passam despercebidos. Escândalos e falhas nos negócios não surgem do nada. Por que uma organização escolheria repetidamente não responder aos primeiros sinais de alerta? Organizações ágeis e alertas respondem. Os paternalistas desajeitados não.

A Sarjeta da Exploração

A exploração combina alta permissividade com baixo respeito. Tende a ser motivada pela tentação universal do despotismo — o desejo de controlar os outros para obter lucro e gratificação.

Os 4 Estágios da Segurança Psicológica

Conceito-chave: Seja pessoal ou organizacional, a exploração requer algum tipo de aparelho repressivo para extrair valor dos humanos, seja por manipulação ou coerção.

A exploração vem em graus, mas é sempre baseada na fidelidade do explorador à ambição egoísta. James Madison nos lembrou no *Federalist Paper n° 10* que "estadistas esclarecidos nem sempre estarão no comando". Pense em Jack Ma, o fundador do gigante da internet da China, Alibaba, e sua promoção do que ele chama de horário de trabalho 996: você trabalha das 9h da manhã às 9h da noite, 6 dias por semana, sem pagamento de horas extras. Não é interessante que ele enquadre isso como uma "filosofia" para dar mais legitimidade? Da mesma forma, meu sobrinho terminou recentemente uma temporada em um grande banco de investimento e foi obrigado a trabalhar das 6h da manhã às 9h da noite, todo dia. Existe alguma preocupação com as necessidades dos seres humanos neste caso? Não, é a pura extração de utilidade. A assimetria na forma como o valor é criado e capturado é evidente. Quando a aquisição se torna um vício, os chefes corporativos ajustam suas organizações com base em uma teoria pura de retorno aos acionistas da corporação.[5] Esse é o começo e o fim de sua administração, o que muitas vezes leva a tendências predatórias em relação aos funcionários.

O que me preocupa é que as pessoas podem ficar condicionadas a aceitar a exploração, o que leva à normalização do abuso. Reflita sobre estas palavras do grande romancista russo Alexander Solzhenitsyn: "Os camponeses são um povo silencioso, sem voz literária, nem escrevem queixas ou memórias."[6] Ele pode estar falando sobre outro tempo e lugar, mas o padrão é o mesmo: quando a exploração é permitida, as pessoas aprendem a aceitá-la sem reclamar. Mesmo aqueles que são explorados podem se tornar defensores da própria exploração que sofrem. O que a torna confusa e, portanto, a sustenta, é quando os líderes alternam atos de bondade e generosidade com atos de violência e abuso.

Conceito-chave: A exploração é o processo de extrair valor de outro ser humano, desconsiderando o valor inerente dessa pessoa.

Na sociedade civil, a maioria das formas de exploração coercitiva são ilegais e, portanto, menos visíveis. Ironicamente, expurgamos oficialmente a socieda-

Conclusão: Evitando o Paternalismo e a Exploração

de civil da escravidão e, no entanto, o tráfico de pessoas está em alta, com cerca de 40 milhões de pessoas em condições de trabalho forçado e servidão. Mas as formas mais comuns de exploração não são ilegais, apenas imorais. Elas assumem a forma de grosseria, indelicadeza, incivilidade e abuso, e cobram um preço terrível. Christine Porath e Christine Pearson, por exemplo, mostram em sua pesquisa que 98% dos trabalhadores sofreram comportamento incivil no trabalho. Metade relata ter sido tratado com grosseria no trabalho pelo menos uma vez por semana.[7]

Questões-chave: Você mostra sinais de exploração em relação a algum grupo ou indivíduo? Por que você faz isso?

Cuidado com a Terra da Falsa Comunhão

Eu disse no prefácio que os seres humanos almejam o pertencimento. Mas esse desejo pode ser levado longe demais. Quando os outros tiram proveito da sua necessidade de pertencimento, chega um ponto em que você deve dizer adeus, quando é muito melhor viver sem aprovação porque essa aprovação é fingida e destrutiva. Como observou corretamente o filósofo Terry Warner: "A aprovação é apresentada como alívio dessa insegurança."[8] Em algum momento, simplesmente precisamos parar de nos importar com o que os outros pensam. Caso contrário, nos tornamos vulneráveis a uma exploração maior, dando aos outros o poder de nos controlar ou manipular, transformando-nos em vítimas. Aprovação social, pertencimento e conexão são necessidades. Mas ninguém realmente precisa de validação constante. Se o seu maior medo é ficar sozinho, você é presa fácil de uma cultura de humilhação e faria bem em se afastar do espelho social. No mundo digital, ser feliz com si próprio é uma habilidade de sobrevivência. Quando necessária, a rejeição saudável da opinião popular é uma coisa linda.

Conceito-chave: Desejamos atenção, às vezes, mesmo que seja do tipo errado. A atenção por si só nunca satisfaz, mas pode ferir profundamente.

Certo dia, meu filho chegou em casa do ensino fundamental e estava falando sobre quantos seguidores seus amigos tinham no Instagram. Ele então

Os 4 Estágios da Segurança Psicológica

me contou que vários deles usam os cartões de crédito de seus pais para comprar seguidores. Se isso não fosse alarmante o suficiente, ele disse que alguns dos pais encorajam esse tipo de coisa. O botão de curtir se tornou um altar de adoração.

Se você quiser ser feliz, às vezes precisará se desconectar educadamente para se proteger. Qualquer um que pense que seu valor inerente diminuirá se não tiver validação constante dos outros não entende o significado de valor *inerente*.[9]

Muitas pessoas estão prontas para envergonhá-lo se você não se juntar a elas, não fizer o que elas fazem, pensar o que elas pensam ou vestir o que elas vestem. Se a sua felicidade depende da opinião popular, prepare-se para ser infeliz.

Uma cultura de humilhação exige conformidade e despreza aqueles que ousam deixá-la. Em tal lugar, os relacionamentos são baseados na reciprocidade de lisonjeio e falsos elogios. Nesse campo autoimposto de distorção da realidade, nos retroalimentamos com ficções. Alimentamo-nos da aparência e da imagem, e nos embebedamos com autoengano. Se você vive ou trabalha em tal congresso de covardes, lembre-se de que os humanos sempre criaram unidades sociais nas quais qualquer um é bem-vindo, a entrada é gratuita, mas a verdade é proibida. Você pode ser quem quiser, exceto o seu verdadeiro e autêntico eu.

Na terra da falsa comunhão, os membros adquirem seu senso de identidade a partir do senso comum de superioridade que sentem por si mesmos e do senso comum de desdém que sentem pelos outros. Os relacionamentos são superficiais e a lealdade, condicional. As pessoas entram nesses relacionamentos para se desviarem da verdade sobre si mesmas.

Conceito-chave: Na terra da falsa comunhão, a competição não natural substitui a afeição natural.

Mas e se você já estiver na terra da falsa comunhão? E se você estiver em um relacionamento do qual precisa escapar, suportando tratamentos abusivos e tolerando comportamentos destrutivos? O que fazer? Primeiro, entenda que a outra parte muitas vezes tentará convencê-lo de que você precisa dela ou que deve aceitar o tratamento dela. Prepare-se para uma manipulação hábil. A resposta do controle é tão previsível quanto o nascer do sol. Como diz a música

Conclusão: Evitando o Paternalismo e a Exploração

dos Eagles: "Você pode decidir partir a hora que quiser. Mas nunca conseguirá sair."[10] A verdade é que você pode sair, sim.

Se você está sendo explorado, abusado ou assediado, está sendo negado o respeito e a permissão a que tem direito como ser humano. Se isso não mudar, dê a si mesmo a segurança da inclusão. Às vezes, isso significa ficar sozinho, aceitar uma perda econômica, ser incompreendido ou prejudicar sua reputação. Na minha própria vida profissional, testemunhei o pior do terrorismo psicológico e o vi destruir a autoestima e afogar a iniciativa e a criatividade. Trabalhei com parceiros de negócios que eram movidos pela ganância e ambição desenfreada e achavam que não era crime deixar um rastro de destruição econômica e emocional para trás. Houve momentos em que eu confiei demais e não reconheci os sinais de alerta de segundas e más intenções. Todos nós já fomos desgastados por um líder inseguro, um pretendente cruel, um pequeno explorador em ação. Mais cedo ou mais tarde, nos encontramos nadando em uma zona vermelha, recebendo dor e humilhação.

Como companheiros, desgastamos uns aos outros. Como eu disse no prefácio, estamos todos feridos e culpados. Mas quando a dor vem deliberada e continuamente, trata-se de abuso. É hora de criar limites e mudar os termos de engajamento. Não posso abordar o vasto oceano de sofrimento humano e entendo perfeitamente a ameaça do perigo real. Em meu trabalho voluntário, ajudei vítimas de abuso em circunstâncias trágicas e vi os destroços que as cercam. No final, podemos e devemos nos ajudar.

Ninguém é um ninguém. Seja aceito ou não, você é aceitável. Se você é humano, isso é suficiente. Mas você deve agir para se proteger. Aqui estão algumas sugestões:

- Ame-se primeiro. Dê a si mesmo a segurança da inclusão — o respeito e a permissão que você merece. Se os outros não lhe derem segurança psicológica, pelo menos você deve fazer isso por si mesmo enquanto trabalha para mudar suas circunstâncias.

- Esteja alerta para a motivação das pessoas ao seu redor. Se observar outras pessoas agindo com más intenções com você, ainda que de forma sutil, aja rápido para enfrentar o comportamento ou sair da situação.

Os 4 Estágios da Segurança Psicológica

- Não acredite que um tratamento abusivo seja aceitável. Isso é uma mentira. Faça tudo ao seu alcance para se proteger.
- Aprenda a ter resiliência ao resistir. Enquanto você trabalha para se libertar do tratamento insalubre, lute de maneira saudável. Por causa da mágoa, raiva, culpa, autodesprezo e angústia que as pessoas sofrem como resultado da perseguição social e emocional, elas muitas vezes recorrem a padrões de resposta igualmente insalubres. Isso só piora as coisas. Evite drogas e todas as formas de autodano e autoindulgência. Não se prejudique mais ainda.
- Se você se sentir dominado, controlado ou preso, sem meios aparentes de fuga, procure uma solução ou saia imediatamente. Enquanto isso, recuse-se a alimentar pensamentos prejudiciais sobre si próprio. No devido tempo, você pode curar e superar qualquer coisa.
- Encontre e conecte-se com pessoas confiáveis e felizes que realmente desejam seu sucesso e que estejam dispostas a ajudar. Consulte-as ao tomar decisões e considerar opções.

Questão-chave: Você já se sentiu preso na terra da falsa comunhão? Por quanto tempo? Como você saiu?

Sessenta Bilhões de Interações Diárias

A população mundial recentemente atingiu os 8 bilhões. Todos os dias, esses 8 bilhões de pessoas têm cerca de 60 bilhões de interações entre si. Em cada interação estendemos uma dose de respeito e permissão, que determina um certo nível de segurança psicológica. Cada uma dessas interações nutre ou negligencia o potencial humano.

Quanto mais segurança psicológica criamos, mais desfrutamos das recompensas de conexões, pertencimentos e colaborações valiosas. Quanto menos criamos, mais sofremos a amargura e a ferroada do isolamento.

Parece que estamos presos em uma névoa existencial em que a complexa matriz social em que vivemos é nosso maior desafio. Só nós somos responsáveis pelos antagonismos que criamos, e ainda assim continuamos a derramar

Conclusão: Evitando o Paternalismo e a Exploração

sangue emocional, não apenas ocasionalmente, mas constantemente. Somos medievais? Não amadurecemos em sabedoria?

A segurança psicológica é construída sobre uma base moral de olhar para nossos semelhantes com respeito e lhes dar permissão para pertencer e contribuir. Isso não quer dizer que toleramos má conduta ética flagrante ou prejudicial, ou que não julgamos a habilidade e o desempenho uns dos outros. Devemos fazer isso. Somos todos responsáveis. Mas quando se trata de valor, as pessoas merecem respeito porque são pessoas. No momento em que começamos a desvalorizar, objetivar ou desumanizar uns aos outros, abandonamos a humanidade. Não me diga que você tem uma empresa para administrar ou resultados para entregar. Não me diga que você é importante. Não me diga que isso é alto risco, que você está sob pressão, que tem seus gatilhos ou que é propenso a colapsos. Se der alguma desculpa para não estender a segurança psicológica, está optando por valorizar algo mais do que os seres humanos. Considere, por exemplo, os 35 funcionários da France Télécom que recentemente tiraram a própria vida como resultado de um assédio implacável e sistemático.[11] Em vez de criar um local de trabalho humanista e solidário, os líderes desumanizaram seus colegas de baixo escalão com opressão institucionalizada, levando a consequências trágicas.

Podemos nos dar banhos quentes de autossatisfação e culpar nosso mau comportamento pela personalidade, estilo de trabalho, pressão, estresse, ansiedade, prazos ou um passado desfavorecido. Bem-vindo à espécie humana. Nós não temos uma licença para ser assim. Lembre-se, não podemos reivindicar um status especial. Mas não é isso que estamos fazendo quando nos recusamos a estender a segurança psicológica a outra pessoa? O mesmo acontece com se esconder atrás do disfarce da tolerância ou correção política apenas para criticar aqueles que não compartilham nossos valores ou interesses.

O estudo de 75 anos de Harvard sobre a felicidade humana, que agora está em sua quarta geração, identificou o que já sabemos intuitivamente: como o diretor do estudo, Robert Waldinger, resume: "A mensagem mais clara que tiramos deste estudo de 75 anos é esta: bons relacionamentos nos mantêm mais felizes e saudáveis."[12] É a conexão que no final nos traz felicidade sustentada. Com seus poderes restauradores e curativos, cultivar relacionamentos é a única terapia não farmacêutica, o único ato redentor, que continua a nos trazer mais alegria.

Uma Demanda Crescente por Líderes que Criam Segurança Psicológica

Quando digo as palavras *potencial humano*, o que vem à mente? Pense no potencial das pessoas ao seu redor — sua família, amigos, vizinhos, colegas de classe, colegas de trabalho. Ironicamente, quer você se importe com o potencial deles ou não, você tem um impacto nele, e os outros têm um impacto profundo no seu. As pessoas com quem você passa mais tempo são as que você mais influencia. Mas mesmo aquelas que raramente vê, mesmo aquelas com quem você pode ter tido apenas um encontro casual, podem ser profundamente afetadas pela sua influência. Mesmo algumas palavras podem mudar uma vida. Por meio de nossas interações, cultivamos ou esmagamos o potencial. O que sempre nos traz de volta ao conceito de segurança psicológica.

Nos dias por vir, você verá uma demanda crescente por líderes que criam um alto nível de segurança psicológica em suas equipes e organizações. Essa demanda é a consequência natural da competição em um ambiente altamente dinâmico que depende de inovação constante. É também a consequência natural de pessoas altamente inteligentes que tiveram muitos chefes repletos de ego e problemas de controle.

> **Conceito-chave:** No nível individual, precisamos de realização pessoal e felicidade. No nível organizacional, precisamos de inovação e uma vantagem competitiva sustentável.

Na verdade, estamos começando a ver o início de uma mudança radical na forma como muitas das melhores organizações do mundo escolhem seus líderes. É contraintuitivo ao pensamento convencional que um líder deva ser um repositório carismático e dinâmico de visão e respostas. Na verdade, o arquétipo tradicional de um líder, forjado no conceito imperial de liderança, repleto de arrogância e habilidades de defesa, está rapidamente se tornando um risco ocupacional. A principal característica dessa nova variedade é um indivíduo que possui uma inteligência emocional magnífica com um ego altamente controlado.

Conclusão: Evitando o Paternalismo e a Exploração

Questão-chave: Você pratica o conceito imperial de liderança ou evoluiu para um estágio superior de desenvolvimento baseado na inteligência emocional e no ego controlado?

Um corpo crescente de pesquisas confirma que a inteligência emocional cria segurança psicológica na organização, o que, como uma variável mediadora, acelera a inovação. Em mercados hipercompetitivos, a inovação é a força vital da sobrevivência e a mola propulsora do crescimento. Assim, o líder do século XXI deve ser capaz de prosperar nesse contexto como exemplo de colaboração, abrasão criativa e humildade.

Os conceitos industriais de comando e controle, por um lado, e o paternalismo benevolente, por outro, estão passando por uma morte desonrosa porque ativam o instinto de autocensura e bloqueiam a capacidade de inovar. Se não cultivarmos uma maior tolerância à franqueza, não podemos convencer as pessoas a liberarem seus esforços discricionários. Eles já estão hipervigilantes a qualquer ameaça. Portanto, a questão mais importante na seleção de um líder está rapidamente se tornando a seguinte: o indivíduo cria ou destrói segurança psicológica e, portanto, estimula ou sufoca a inovação? Em uma carta aos funcionários, Satya Nadella, CEO da Microsoft, expressou o espírito da segurança psicológica e o caminho para a inclusão e a inovação: "Juntos, devemos abraçar nossa humanidade compartilhada e aspirar a criar uma sociedade cheia de respeito, empatia e oportunidade para todos."[13]

O pluralismo é a nossa realidade. Em nossa hierarquia de lealdades, vamos pensar acima das diferenças pessoais e tribais e consagrar nosso vínculo central, a fidelidade e afinidade que mais importa: o vínculo de pertencimento à família humana.

Deixe-me voltar ao apelo à ação que fiz no início deste livro. Convidei você a realizar um inventário pessoal sobre como você se comporta em relação aos outros, especialmente aqueles que são estranhos ou contra os quais você tem um viés ou preconceito persistente.

1. **Segurança da Inclusão:** Você está preparado para cruzar o limiar da inclusão, superar as diferenças e convidar outras pessoas para sua sociedade?

2. **Segurança do Aprendiz:** Você está preparado para encorajar os outros a aprender?

Os 4 Estágios da Segurança Psicológica

3. **Segurança do Colaborador:** Você está preparado para dar aos outros autonomia para contribuir e entregar resultados?

4. **Segurança do Desafiador:** E, finalmente, você está preparado para cruzar o limiar da inovação e fornecer proteção para que outros desafiem o status quo e inovem?

Para concluir, deixe-me compartilhar um antigo estudo de caso sobre segurança psicológica. Independentemente de sua crença religiosa, a história é incrivelmente poderosa. No Novo Testamento, no livro de Atos, Pedro, um judeu, é levado a Cornélio, um centurião romano. Pedro cresceu com o entendimento de que os não judeus eram comuns ou imundos. Ele viveu toda a sua vida em uma sociedade segregada baseada nesse paradigma e preconceito. No entanto, quando Pedro encontra Cornélio, ele diz: "Vós sabeis que uma coisa ilegal para um homem que é judeu se reunir ou aproximar de alguém de outra nação; mas Deus me mostrou a não chamar a nenhum homem de comum ou imundo."[14]

Alexandre, o Grande, observou que "não havia mais mundos para conquistar". Há pelo menos um — a inclinação para conquistar um ao outro.

A maior fonte de realização na vida vem de incluir os outros, ajudá-los a aprender e a crescer, liberar seu potencial e encontrar uma comunhão profunda juntos. Essa é a lição. Agora olhe maravilhado para os outros ao seu redor.

Conceitos-chave

- As sarjetas do paternalismo e da exploração inundam a organização de medo.

- O paternalismo desnecessário corre o risco de gerar dependência e desamparo, por um lado, e frustração e rebelião, por outro.

- Seja pessoal ou organizacional, a exploração requer algum tipo de aparelho repressivo para extrair valor dos humanos, seja por manipulação ou coerção.

- A exploração é o processo de extrair valor de outro ser humano, desconsiderando o valor inerente dessa pessoa.

Conclusão: Evitando o Paternalismo e a Exploração

- Desejamos atenção, às vezes, mesmo que seja do tipo errado. A atenção por si só nunca satisfaz, mas pode ferir profundamente.
- Na terra da falsa comunhão, a competição não natural substitui a afeição natural.
- No nível individual, precisamos de realização pessoal e felicidade. No nível organizacional, precisamos de inovação e uma vantagem competitiva sustentável.

Questões-chave

- Você já se sentiu preso na terra da falsa comunhão? Por quanto tempo? Como você saiu?
- Você mostra sinais de paternalismo desnecessário em relação a qualquer grupo ou indivíduo? Por que você faz isso?
- Você mostra sinais de exploração em relação a algum grupo ou indivíduo? Por que você faz isso?
- Você pratica o conceito imperial de liderança ou evoluiu para um estágio superior de desenvolvimento baseado na inteligência emocional e no ego controlado?

Notas

Prefácio

1. Como recém-chegado, minha experiência estava repleta de mudanças, contrastes e surpresas de todos os tipos. Ver Louis, Meryl Reis. "Surprise and Sense Making: What Newcomers Experience in Entering Unfamiliar Organizational Settings." *Administrative Science Quarterly* 25, nº 2 (1980): 226–51.

2. C. Wright Mills, *The Power Elite*, nova edição (Nova York: Oxford University Press, 1956, 2000), 9.

3. Robert Conquest, *History, Humanity, and Truth: The Jefferson Lecture in the Humanities* (Stanford, CA: Hoover Press, 1993), 7.

4. Immanuel Kant fez o argumento precursor de que a liberdade civil habilita a liberdade intelectual. Ver *Kant: Political Writings*, Hans Reiss, ed., Cambridge: Cambridge University Press, 2010, p. 59).

5. Moyers & Company, "Facing Evil with Maya Angelou", 13 de setembro de 2014, vídeo, 31:00, https://archive.org/details/KCSM_20140914_020000_Moyers_Company/start/0/end/60.

6. Jake Herway, "How to Create a Culture of Psychological Safety", *Workplace*, 7 de dezembro de 2017, http://news.gallup.com/opinion/gallup/223235/create-culture-psychological-safety.aspx.

7. Langston Hughes, *Selected Poems of Langston Hughes* (Nova York: Vintage Classics, 1959), 20.

8. Hannah Arendt, *Men in Dark Times* (Nova York: Harcourt Brace, 1993), 4.

9. Thomas Hobbes, *Leviathan*, em *The Harvard Classics: French and English Philosophers: Descartes, Rousseau, Voltaire, Hobbes*, ed. Charles W. Eliot (Nova York: F. F. Collier & Son, 1910), 385.

Notas

10. Rowan Williams, discurso para Conferência de Teologia da Wheaton College, 6 de abril de 2018, vídeo, 49:13, https://www.youtube.com/watch?v=R58Q_Q3KEnM.

11. Matthew Stewart, "The 9.9 Percent Is the New American Aristocracy", *The Atlantic*, junho de 2018, https://www.theatlantic.com/magazine/archive/2018/06/the-birth-of-a-new-american-aristocracy/559130/.

12. Ver W. B. Yeats, "The Circus Animal's Desertion".

Introdução

1. Ver, por exemplo, Amy Edmondson, "Psychological Safety and Learning Behavior in Work Teams", *Administrative Science Quarterly* 44, nº 2 (junho de 1999): 350–383, http://web.mit.edu/curhan/www/docs/Articles/15341_Readings/Group_Performance/Edmondson%20Psychological%20safety.pdf. Para uma revisão útil da literatura de segurança psicológica, ver Alexander Newman, Ross Donohue, Nathan Evans, "Psychological Safety: A Systematic Review of the Literature", *Human Resource Management Review* 27, nº 3 (setembro de 2017): 521–535, https://www.sciencedirect.com/science/article/abs/pii/S1053482217300013; Amy C. Edmondson and Zhike Lei, "Psychological Safety: The History, Renaissance, and Future of an Interpersonal Construct", *Annual Review of Organizational Psychology and Organizational Behavior* 1 (março de 2014): 23–43; William A. Kahn, "Psychological Conditions of Personal Engagement and Disengagement at Work", *The Academy of Management Journal* 33, nº 4 (dezembro de 1990): 692–724.

2. Carl R. Rogers, "The Necessary and Sufficient Conditions of Therapeutic Personality Change", *Journal of Consulting Psychology* 21 (1957): 95–103.

3. Douglas McGregor, *The Human Side of Enterprise* (Nova York: McGraw-Hill, 1960), 37. Aqui está a citação completa: "Quando as necessidades fisiológicas de um homem são satisfeitas e ele não tem mais medo de seu bem-estar físico, suas necessidades sociais tornam-se importantes motivadores de seu comportamento. Trata-se das necessidades de pertencimento, de associação, de aceitação pelos semelhantes, de amor recíproco."

4. Herbert A. Simon, *Administrative Behavior* (Nova York: The Free Press, 1997), 214.

5. Abraham H. Maslow, "A Theory of Human Motivation", *Psychological Review* 50 (1943): 380.

6. Ver Cap. 1 em Eric Fromm, *Escape from Freedom* (Nova York: Holt, Rineholt and Winston, 1941).

7. Arlie Russell Hochschild, *The Managed Heart: Commercialization of Human Feeling*. (Berkeley: University of California Press, 1983), 56.

8. Ver Charles Duhigg, "What Google Learned from Its Quest to Build the Perfect Team", *New York Times*, 25 de fevereiro de 2016, https://www.nytimes.

com/2016/02/28/magazine/what-google-learned-from-its-quest-to-build-the-perfect-team.html. Ver também Google's Project Aristotle, acesso em 1º de agosto de 2019, https://rework.withgoogle.com/print/guides/5721312655835136/.

9. Celia Swanson, "Are You Enabling a Toxic Culture Without Realizing It?" *Harvard Business Review*, 22 de agosto de 2019. https://hbr.org/2019/08/are-you-enabling-a-toxic-culture-without-realizing-it.

10. American College Health Association, "National College Health Assessment Executive Summary", outono de 2017, https://www.acha.org/documents/ncha/NCHA-II_FALL_2017_REFERENCE_GROUP_EXECUTIVE_SUMMARY.pdf.

11. Ver Marshall Sahlins, "The Original Affluent Society" (resumido) em *The Politics of Egalitarianism: Theory and Practice*, ed. Jacqueline Solway (Nova York: Berghahn Books, 2006), 78–98.

12. William James, *The Principles of Psychology* (Boston, 1890).

13. Holly Hedegaard, Sally C. Curtin e Margaret Warner, *Suicide Mortality in the United States, 1999–2017*, NCHS, relatório de dados nº 330 (Hyattsville, MD: National Center for Health Statistics, Centers for Disease Control, novembro de 2018), https://www.cdc.gov/nchs/data/databriefs/db330-h.pdf.

14. Albert Camus em *More Letters of Note: Correspondence Deserving of a Wider Audience*, compilado por Shaun Usher (Edinburgh: Canongate and Unbound, 2017), 279.

15. Paul Petrone, "The Skills Companies Need Most in 2019", *LinkedIn Learning,* acesso em 1º de agosto de 2019, https://learning.linkedin.com/blog/top-skills/the-skills-companies-need-most-in-2019-and-how-to-learn-them.

16. Rita Gunther McGrath, "Five Ways to Ruin Your Innovation Process", *Harvard Business* Review, 5 de junho de 2012, https://hbr.org/2012/06/five-ways-to-ruin-your-inno.

17. Scott D. Anthony et al., "2018 Corporate Longevity Forecast: Creative Destruction Is Accelerating", *Innosight*, 2018, 2. https://www.innosight.com/wp-content/uploads/2017/11/Innosight-Corporate-Longevity-2018.pdf.

Estágio 1: Segurança da Inclusão

1. *The Impact of Equality and Values Driven Business*, Salesforce Research, 12, acesso em 5 de agosto de 2019, https://c1.sfdcstatic.com/content/dam/web/en_us/www/assets/pdf/datasheets/salesforce-research-2017-workplace-equality-and-values-report.pdf.

2. Ver William Law, *A Serious Call to a Devout and Holy Life* (n.p.: ReadaClassic, 2010), 244. Law enfatiza o ponto de que "não há dependência dos méritos dos homens".

Notas

3. Ver Amartya Sen, *Identity and Violence: The Illusion of Destiny* (New York: W. W. Norton, 2006), 2–3.

4. John Winthrop, "A Model of Christian Charity", um sermão feito em abril de 1630 aos peregrinos que viajavam para a Colônia da Baía de Massachusetts.

5. John Rawls, *A Theory of Justice* (Oxford: Oxford University Press, 1972), 5.

6. E é o que todos nós escolheríamos se tivéssemos que definir a "posição original" por trás de um "véu de ignorância", como Rawls descreve seu experimento mental.

7. Jia Hu et al., "Leader Humility and Team Creativity: The Role of Team Information Sharing, Psychological Safety, and Power Distance", *Journal of Applied Psychology* 103, n° 3 (2018): 313–323.

8. Henry Emerson Fosdick, *The Meaning of Service* (Nova York: Association Press, 1944), 138.

9. Ver Isaiah Berlin, *Concepts and Categories: Philosophical Essays* (Oxford: Oxford University Press, 1980), 96.

10. Alex "Sandy" Pentland, "The New Science of Building Great Teams", *Harvard Business Review*, abril de 2012, https://hbr.org/2012/04/the-new-science-of-building-great-teams.

11. Edgar Schein, *Organizational Culture and Leadership* (São Francisco: Jossey-Bass, 2004), 15.

12. Vaclav Havel, *The Power of the Powerless* (Nova York: Vintage Classics, 2018), iv.

13. Aristotle, *The Politics of Aristotle,* vol. 1, trad. de B. Jowett (Oxford: Clarendon Press, 1885), 3.

14. David McCullough, *John Adams* (Nova York: Simon & Schuster, 2001), 170.

15. O próprio Thomas Jefferson acreditava em sua superioridade biológica. Ver *Notes on the State of Virginia,* 1781, acesso em 1° de agosto de 2019, https://docsouth.unc.edu/southlit/jefferson/jefferson.html.

16. EY, "Could Trust Cost You a Generation of Talent", acesso em 9 de agosto de 2019, https://www.ey.com/Publication/vwLUAssets/ey-could-trust-cost-you-a-generation-of-talent/%24FILE/ey-could-trust-cost-you-a-generation-of-talent.pdf.

17. Robert Putnam, *Bowling Alone: The Collapse and Revival of American Community* (Nova York: Simon & Schuster, 2000), 21.

18. Ferdinand Tönnies, *Gemeinschaft und Gesellschaft* (Leipzig, Germany: Fues's Verlag, 1887). Uma tradução inglesa da 8ª edição (1935) por Charles P. Loomis foi publicada como *Fundamental Concepts of Sociology* (Nova York: American Book Co., 1940).

19. James MacGregor Burns, *Leadership* (Nova York: Perennial, 1978), 11.

Notas

20. Carol Dweck, *Mindset: The New Psychology of Success* (Nova York: Random House, 2006), 121. Publicado no Brasil com o título *Mindset: A nova psicologia do sucesso.*

21. Franz Kafka, *Letters to Friend, Family, and Editors*, Richard and Clara Winston, editores, (Nova York: Schoken Books, 1977), 16.

22. Nathaniel Branden, *The Six Pillars of Self-Esteem* (Bantam: Nova York, 1994), 7.

23. Ver Edward H. Chang et al., "The Mixed Effects of Online Diversity Training", *Proceedings of the National Academy of Sciences*, 116, nº 16 (16 de Abril de 2019): 7778–7783; publicado pela primeira vez em 1º de abril de 2019, https://doi.org/10.1073/pnas.1816076116.

24. Paul Ekman and Richard J. Davidson, "Voluntary Smiling Changes Regional Brain Activity", *Psychological Science* 4, nº 5 (Setembro de 1993): 342–45, https://doi.org/10.1111/j.1467-9280.1993.tb00576.x.

25. Ver Oscar Peterson, "Hymn to Freedom", cuja letra diz: "Quando cada coração se une a cada coração e juntos anseiam por liberdade, é quando seremos livres".

Estágio 2: Segurança do Aprendiz

1. Tony Miller, "Partnering for Education Reform", U.S. Department of Education, acesso em 18 de fevereiro de 2015, https://www.ed.gov/news/speeches/partnering-education-reform.

2. Ver James. J. Heckman, "Catch'em Young", *Wall Street Journal*, 6 de janeiro de 2006. https://www.wsj.com/articles/SB113686119611542381.

3. Robert Balfanz and Nettie Legters, *Locating the Dropout Crisis* (Baltimore: Center for Research on the Education of Students Placed at Risk, Johns Hopkins University, setembro de 2004), acesso em 1º de agosto de 2019, https://files.eric.ed.gov/fulltext/ED484525.pdf.

4. Esta seção se baseia fortemente em minhas entrevistas pessoais com Craig de 2014 a 2019, bem como em observações em sala de aula realizadas em 2019. Revelação: Craig ensinou cinco de meus filhos em suas aulas de cálculo.

5. Por que, por exemplo, as mulheres são dramaticamente sub-representadas em ciências da computação e cursos de STEM na faculdade? Sem dúvida, parte da lacuna se deve a um viés inconsciente que diz que elas não conseguem se destacar tão bem quanto os homens nessas áreas, embora tenham um desempenho tão bom quanto os homens em testes padronizados de matemática K-12 e ganhem 57% dos diplomas de bacharel hoje. Ver Thomas Dee and Seth Gershenson, Unconscious Bias in the Classroom: Evidence and Opportunities (Mountain View, CA: Google's Computer Science Education Research, 2017), acesso em 1º de agosto de 2019, https://goo.gl/06Btqi. Ver também David M. Amodio, "The Neuroscience of Prejudice and Stereotyping", *Nature Reviews Neuroscience* 15, nº 10 (2014): 670–682.

139

Notas

6. Jenna McGregor, "Nobel Prize-Winning Psychologist to CEOs: Don't Be So Quick to Go with Your Gut", *Washington Post*, 4 de março de 2019, https://www.washingtonpost.com/business/2019/03/04/nobel-prize-winning-psychologist-ceos-dont-be-so-quick-go-with-your-gut/?utm_term=.b1cfde227f5e.

7. C. Roland Christensen, *Education for Judgment*, (Boston: Harvard Business Review, 1991), 118.

8. Claude M. Steele, *Whistling Vivaldi: How Stereotypes Affect Us and What We Can Do* (Nova York: W. W. Norton & Co., 2010), 46.

9. Da observação em sala de aula realizada em 14 de fevereiro de 2019.

10. Ver Jenny W. Rudolph, Daniel B. Raemer e Robert Simon, "Establishing a Safe Container for Learning in Simulation: The Role of the Presimuation Briefing", *Journal of the Society for Simulation in Healthcare* 9, n° 6 (Dezembro de 2014): 339–349. A sala de aula de Smith se torna o contêiner seguro.

11. Ver o conto "A Clean, Well-Lighted Place", de Ernest Hemingway. As práticas de Craig incorporam as principais descobertas divulgadas no relatório nacional do Aspen Institute *A Nation at Hope*, acesso em 12 de março de 2019, http://nationathope.org/.

12. C. Roland Christensen, "Premises and Practices of Discussion Teaching", em *Education for Judgment: The Artistry of Discussion Leadership*, C. Roland Christensen e David A. Garvin, eds. (Boston: Harvard Business Review, 1991), 15–34.

13. Babette Bronkhorst, "Behaving Safely under Pressure: The Effects of Job Demands, Resources, and Safety Climate on Employee Physical and Psychosocial Safety Behavior", *Journal of Safety Research* 55 (dezembro de 2015): 63–72.

14. *Fast Company,* "Bill Gates on Education: 'We Can Make Massive Strides'", 15 de abril de 2013, https://www.fastcompany.com/3007841/bill-gates-education-we-can-make-massive-strides.

15. Education World, "How Can Teachers Develop Students' Motivation and Success: Interview with Carol Dweck", acesso em 10 de agosto de 2019, https://www.educationworld.com/a_issues/chat/chat010.shtml.

16. Richard Florida, *The Rise of the Creative Class* (Nova York: Basic Books, 2002), 24.

17. Malcolm S. Knowles, "Adult Learning" em *The ASTD Training and Development Handbook: A Guide to Human Resource Development*, Robert L. Craig, ed., 4ª ed. (Nova York: McGraw-Hill, 2004), 262.

18. Amy C. Edmondson. "Making It Safe: The Effects of Leader Inclusiveness and Professional Status on Psychological Safety and Improvement Efforts in Health Care Teams", *Journal of Organizational Behavior* 27, n° 7 (2006): 941–966.

19. Ver Roderick M. Kramer and Karen S. Cook, eds., *Trust and Distrust in Organizations: Dilemmas and Approaches* (Nova York: Russell Sage Foundation, 2004).

Notas

Estágio 3: Segurança do Colaborador

1. Vincent H. Dominé, "Team Development in the Era of Slack", *INSEAD Knowledge*, 24 de maio de 2019, https://knowledge.insead.edu/blog/insead-blog/team-development-in-the-era-of-slack-11611.

2. Ver Claude M. Steele and Joshua Aronson, "Stereotype Threat and the Intellectual Test Performance of African Americans", *Journal of Personality and Social Psychology* 69, nº 5 (novembro de 1995): 797–811.

3. Ver Steven R. Harper e Charles D. White, "The Impact of Member Emotional Intelligence on Psychological Safety in Work Teams", *Journal of Behavioral & Applied Management* 15, nº 1 (2013): 2–10.

4. Amy Edmondson, *The Fearless Organization: Creating Psychological Safety in the Workplace for Learning, Innovation, and Growth* (Nova York: Wiley, 2019), cap. 4.

5. Ver Christopher J. Roussin et al., "Psychological Safety, Self-Efficacy, and Speaking Up in Interprofessional Health Care Simulation", *Clinical Simulation in Nursing* 17 (abril de 2018): 38–46.

6. Jim Harter, "Dismal Employee Engagement Is a Sign of Global Mismanagement", *Gallup Workplace*, acesso em 1º de agosto de 2019, https://www.gallup.com/workplace/231668/dismal-employee-engagement-sign-global-mismanagement.aspx.

7. Aristotle, *The Nicomachean Ethics*, em *The Complete Works of Aristotle: The Revised Oxford Translation*, ed. Jonathan Barnes, rev. por J. O. Urmson Ross, vol. 2 (Oxford University Press, 1984), 1107.

Estágio 4: Segurança do Desafiador

1. Ver Carl R. Rogers e F. J. Roethlisberger, "Barriers and Gateways to Communication". *Harvard Business Review,* novembro-dezembro de 1991, https://hbr.org/1991/11/barriers-and-gateways-to-communication.

2. Marcus Du Sautoy, *The Creativity Code: Art and Innovation in the Age of AI* (Cambridge, MA: Belknap Press, 2019), 11.

3. Edward O. Wilson, *The Origins of Creativity* (Nova York: Liveright publishers, 2017), 1.

4. Ben Farr-Wharton and Ace Simpson, "Human-centric Models of Management Are the Key to Ongoing Success", *The Sydney Morning Herald*, 24 de maio de 2019, https://www.smh.com.au/business/workplace/human-centric-models-of-management-are-the-key-to-ongoing-success-20190520-p51p82.html.

5. Edgar Schein, *Humble Inquiry* (San Francisco: Berrett-Koehler, 2013), 64.

Notas

6. Chris Argyris, "Good Communication That Blocks Learning", *Harvard Business Review*, julho-agosto de 1994, https://hbr.org/1994/07/good-communication-that-blocks-learning.

7. Chia Nakane, *Japanese Society* (Berkeley: University of California Press, 1972), 13.

8. Abraham Carmeli et al., "Learning Behaviors in the Workplace: The Role of High--Quality Interpersonal Relationships and Psychological Safety", *Systems Research and Behavioral Science* 26, nº 25 (novembro de 2008): 81–98.

9. Abraham Maslow, "Safe Enough to Dare", em *Toward a Psychology of Being*, 3ª ed. (Nova York: Wiley, 1998), 65.

10. Duena Blostrom, "Nobody Gets Fired for Buying IBM, but They Should", blog post, 1º de janeiro de 2019, https://duenablomstrom.com/2019/01/01/nobody-gets-fired-for-buying-ibm-but-they-should/.

11. Andrew Hargadon and Robert I. Sutton, "Building an Innovation Factory", *Harvard Business Review*, maio–junho de 2000, https://hbr.org/2000/05/building-an-innovation-factory-2.

12. Adam Lashinsky, "The Unexpected Management Genius of Facebook's Mark Zuckerberg", *Fortune*, 10 de novembro de 2016, acesso em 11 de agosto de 2019, https:// fortune.com/longform/facebook-mark-zuckerberg-business/.

13. Alison Beard, "Life's Work: An Interview with Brian Wilson", *Harvard Business Review*, dezembro de 2016, acesso em 11 de agosto de 2019, https://hbr.org/2016/12/brian-wilson.

14. Yuval Noah Harari, *21 Lessons for the 21st Century* (Nova York: Spiegel & Grau, 2018), 223. Publicado no Brasil com o título *21 lições para o século 21*.

15. Jeff Dyer, Hal Gregersen, and Clayton M. Christensen, *The Innovator's DNA: Mastering the Five Skills of Disruptive Innovators* (Boston: Harvard Business School Press, 2011), 46–49.

16. Vivian Hunt, Dennis Layton, and Sara Prince, *Diversity Matters* (Nova York: McKinsey & Company, February 2, 2015), 14, https://assets.mckinsey.com/~/media/857F440109AA4D13A54D9C496D86ED58.ashx.

17. Peter F. Drucker, *The Effective Executive* (Nova York: Harper Business, 1996), 152.

18. Dotan R. Castro et al., "Mere Listening Effect on Creativity and the Mediating Role of Psychological Safety", *Psychology of Aesthetics, Creativity, and the Arts* 12, nº 4 (novembro de 2018): 489–502.

19. Mihaly Csikszentmihalyi, *Creativity: Flow and the Psychology of Discovery and Invention* (Nova York: Harper Perennial, 1997), 11.

20. Jennifer Luna, "Oscar Munoz: Learn to Listen, Improve Your EQ", *Stanford Business*, 19 de janeiro de 2019, https://www.gsb.stanford.edu/insights/oscar-

munoz-learn-listen-improve-your-eq?utm_source=Stanford+Business&utm_campaign=44021e6e06-Stanford-Business-Issue-154-1-27-2018&utm_medium=email&utm_term=0_0b5214e34b-44021e6e06-74101045&ct=t (Stanford-Business-Issue-154-1-27-2018).

21. Chris Argyris, "Teaching Smart People How to Learn", *Harvard Business Review,* maio-junho de 1991, https://hbr.org/1991/05/teaching-smart-people-how-to-learn.

22. F. A. Hayek, *The Road to Serfdom* (Chicago: University of Chicago Press, 2007), 70.

23. Daisy Grewal, "How Wealth Reduces Compassion: As Riches Grow, Empathy for Others Seems to Decline", *Scientific American*, 10 de abril de 2012, https://www.scientificamerican.com/article/how-wealth-reduces-compassion/.

24. Arthur C. Brooks, *Love Your Enemies* (Nova York: Broadside Books, 2019), cap. 8.

25. J. R. Dempsey et al., "Program Management in Design and Development", in *Third Annual Aerospace Reliability and Maintainability Conference*, Society of Automotive Engineers, 1964, 7–8.

26. Danielle D. King, Ann Marie Ryan, and Linn Van Dyne, "Voice Resilience: Fostering Future Voice after Non-endorsement of Suggestions", *Journal of Occupational and Organizational Psychology* 92 n° 3 (Setembro de 2019): 535–565, disponível em https://onlinelibrary.wiley.com/doi/full/10.1111/joop.12275.

Conclusão: Evitando o Paternalismo e a Exploração

1. Elisabeth Noelle-Neumann, "The Spiral of Silence: A Theory of Public Opinion", *Journal of Communication* 24, n° 2 (Junho de 1974): 43–51.

2. Gerald Dworkin, "Paternalism", in *Stanford Encyclopedia of Philosophy*, 2017, acesso em 5 de janeiro de 2019, https://plato.stanford.edu/entries/paternalism/.

3. Ver Edward L. Deci and Richard M. Ryan, *Intrinsic Motivation and SelfDetermination in Human Behavior* (Nova York: Plenum Press, 1885).

4. "How Many Nonprofit Colleges and Universities Have Closed Since 2016?" *EducationDive*, acesso em 17 de junho de 2019, https://www.educationdive.com/news/tracker-college-and-university-closings-and-consolidation/539961/.

5. Milton Friedman, "The Social Responsibility of Business to Increase Its Profits", *New York Times Magazine*, 13 de setembro de 1970, http://umich.edu/~thecore/doc/Friedman.pdf?mod=article_inline.

6. Alexander Solzhenitsyn, *The Gulag Archipelago* (Nova York: Harper & Row, 1973), 24.

7. Christine Porath e Christine Pearson, "The Price of Uncivility", *Harvard Business Review*, Janeiro-Fevereiro de 2013, https://hbr.org/2013/01/the-price-of-incivility.

Notas

8. Terry Warner, *Socialization, Self-Deception, and Freedom through Faith* (Provo, UT: Brigham Young University Press, 1973), 2.

9. Carol S. Dweck, *Mindset: The New Psychology of Success* (Nova York: Random House, 2006), 117. Publicado no Brasil com o título *Mindset: A nova psicologia do sucesso.*

10. Don Henley e Glenn Frey, "Hotel California", 1977.

11. Adam Nossiter, "35 Employees Committed Suicide. Will Their Bosses Go to Jail?" *New York Times*, 9 de julho de 2019, https://www.nytimes.com/2019/07/09/world/europe/france-telecom-trial.html.

12. Robert Waldinger, "What Makes a Good Life? Lessons from the Longest Study on Happiness", *TED*, postado em 25 de janeiro de 2016, vídeo, 12:46, https://www.youtube.com/watch?v=8KkKuTCFvzI.

13. Harry McCraken, "Satya Nadella Rewrites Microsoft's Code", *Fast Company*, 8 de setembro de 2017, https://www.fastcompany.com/40457458/satya-nadella-rewrites-microsofts-code.

14. Atos 10:28, *Bíblia Sagrada, Versão King James.* Tradução disponível em https://www.bkjfiel.com.br/biblia/at/10/28

Índice

A

abrasão criativa, xv, 108

Adams, Abigail, 32

Adams, John, 31

Alexandre, o
  Grande, 132

Angelou, Maya, xix

apreensão, 75

aprendizagem
  contexto de, 44

Arendt, Hannah, xx

Aristóteles, 79

atrito
  categorias de, xv
  intelectual, xv, 108
  social, xv, 108

autoconsciência
  falta de, 87

autoestima, 37

autonomia, 65
  guiada, 73

B

Branden, Nathaniel, 37

Bronkhorst, Babette, 53

C

Camus, Albert, , 9

Christensen, C.
  Roland, 48

cognição, 74

Conquest, Robert, xv

contrato social, 80
  ativação plena do, 65

Csikszentmihalyi,
  Mihaly, 110

D

desempenho, 65
  consistente, 70

Índice

da equipe, xiv, 2

nível de, 52

de Vries, Manfred
Kets, 112

dissensão
construtiva, 108

dissidência construtiva,
xv, 12, 87

Douglass, Frederick, 23

Drucker, Peter, 59, 109

Dweck, Carol, 34, 56

E

emoção, 74

engajamento, 28

esforços
discricionários, 75

exploração, 14, 120, 123

F

Farr-Wharton, Ben, 95

Florida, Richard, 58

Francis, John, 51

Fromm, Eric, 3

G

Gates, Bill, 53

Geneva Steel, xvii, 31,
67, 108

H

habilidades, 86

de pensamento
crítico, 81

lacuna de, 71

hierarquia das
necessidades, 3

Hobbes, Thomas, xxi

Hochschild, Arlie
Russell, 4

Hughes, Langston, xix

I

inclusão, xiv, 21

inovação, xv, 12, 66, 92

defensiva, 66

limiar da, 94

ofensiva, 66

perpétua, 13

internet, 52

J

James, William, 7

Jobs, Steve, 104

K

Kahneman, Daniel, 48

Kahn, William, 2

Kerr, Steve, 57

Knowles, Malcolm, 59

Índice

L

laboratório
organizacional de
experimentação, 101

liderança, xv

padrões predominantes
de, 59

Luther King Jr,
Martin, 21

Luther King Jr.,
Martin, 91

M

Madison, James, 124

Maslow, Abraham,
2, 101

Ma, Yo-Yo, 112

McGregor, Douglas, 2

medo, xvi, 4, 110, 120

comportamentos
indutores de, 43

e intimidação, 15

Mill, John Stuart, 77

Mills, C. Wright, xv

motivação, 74

Munoz, Oscar, 111

N

Nadella, Satya, 131

necessidade de
pertencimento, 2

necessidade de
satisfação, 3

necessidade de segurança
não física, 2

necessidade física, 3

O

Orwell, George, 30

P

paternalismo, 14, 120

equivocado, 121

Pearson, Christine, 125

permissão, 5, 9, 23,
44, 120

pertencimento

necessidade de, 125

Porath, Christine, 125

preconceito, 81

consciente, 36

R

Rawls, John, 26

relação sinal-ruído, 82

respeito, 5, 9, 23, 44,
98, 120

Rogers, Carl, 2

S

segurança da inclusão, 6,
8, 44, 64, 96

Índice

segurança de
   inclusão, 20

segurança do aprendiz,
   8, 44, 64, 96

   vantagem
      competitiva, 60

segurança do
   colaborador, 9,
   64, 96

   baseada na
      confiança, 74

   moralidade da, 69

segurança do desafiador,
   10, 92, 96

segurança
   psicológica, xiv

   conceito de, 2

   estágio culminante
      da, 94

Sikahema, Vai, 54

Simpson, Ace, 95

Smith, Craig B., 47

T

tecnologia
   educacional, 53

tecnoutopismo, 58

troca social, 23, 45, 69,
   97, 99

V

vieses conscientes ou
   subconscientes, 26

volição, 74

von Hayek, Friedrich
   August, 113

vulnerabilidade, 101

W

Waldinger, Robert, 129

Warner, Terry, 125

Williams, Rowan, xxi

Wilson, Brian, 104

Wilson, Edward O., 95

Y

Yeats, W. B., xxii

Z

zona azul, 75

zona vermelha, 75, 127

Zuckerberg, Mark, 104

Os 4 Estágios da Segurança Psicológica — Guia Comportamental

Caso deseje uma orientação adicional para criar segurança psicológica em sua organização, faça o download de "The 4 Stages of Psychological Safety Behavioral Guide" disponível em: https://www.LeaderFactor.com/PsychologicalSafetyGuide [conteúdo em inglês].[1]

4 Estágios da Segurança Psicológica — Avaliação e Treinamento de Equipes

Caso sua equipe deseje acelerar o processo de desenvolvimento de segurança psicológica, por favor, acesse https://www.LeaderFactor.com/PsychologicalSafety [conteúdo em inglês] para aprender mais sobre nossas soluções de avaliação e treinamento de equipes.

---

[1] Todos os conteúdos bônus estão disponibilizados em inglês. A Editora Alta Books não se reponsabiliza tampouco gerencia o conteúdo adicional oferecido exclusivamente pelo autor da obra.

Projetos corporativos e edições personalizadas
dentro da sua estratégia de negócio. Já pensou nisso?

Coordenação de Eventos
Viviane Paiva
viviane@altabooks.com.br

Contato Comercial
vendas.corporativas@altabooks.com.br

A Alta Books tem criado experiências incríveis no meio corporativo. Com a crescente implementação da educação corporativa nas empresas, o livro entra como uma importante fonte de conhecimento. Com atendimento personalizado, conseguimos identificar as principais necessidades, e criar uma seleção de livros que podem ser utilizados de diversas maneiras, como por exemplo, para fortalecer relacionamento com suas equipes/ seus clientes. Você já utilizou o livro para alguma ação estratégica na sua empresa?

Entre em contato com nosso time para entender melhor as possibilidades de personalização e incentivo ao desenvolvimento pessoal e profissional.

PUBLIQUE SEU LIVRO

Publique seu livro com a Alta Books.
Para mais informações envie um e-mail para: autoria@altabooks.com.br

 /altabooks   /alta-books   /altabooks   /altabooks

CONHEÇA OUTROS LIVROS DA **ALTA BOOKS**

Todas as imagens são meramente ilustrativas.